Frauen und Fußball

Beate Fechtig

Frauen und Fußball

Interviews Porträts Reportagen

edition ebersbach
im eFeF-Verlag

Die Deutsche Bibliothek – CIP-Einheitsaufnahme

Fechtig, Beate:
Frauen und Fußball : Interviews, Porträts, Reportagen /
Beate Fechtig. – 1. Aufl. – Dortmund :
Ed. Ebersbach im eFeF-Verl., 1995
ISBN 3-905493-72-1

1. Auflage 1995
© edition ebersbach
im eFeF-Verlag
Umschlaggestaltung: Olivia Rost, Hagen
unter Verwendung eines Fotos von Holger Floß, Berlin
Satz: Wilfried Niederland, Frankfurt
Druck & Bindung: Fuldaer Verlagsanstalt, Fulda
Alle Rechte vorbehalten
Printed in Germany

Inhaltsverzeichnis

Vorwort 7

Geschichte des Frauenfußballs 9
Wie alles begann 11
Die Goldenen Zwanziger – Ladies' Football wird populär 17
Frauenfußball in Deutschland 22
Die 50er Jahre – »Treten ist unweiblich« 25
Die 60er Jahre – Die ersten Teams 28
Die 70er Jahre – Frauenfußball wird offiziell 31
Die 80er Jahre – Premiere der Nationalmannschaft 37
Frauenfußball heute – Viel Erfolg, wenig Geld 41

Spielen, Trainieren, Organisieren 47
Frauen und Fußball – Die Geschichte einer großen Liebe 49
Silvia Neid – »Mir fehlen die entscheidenden fünf Gramm« 54
Birgit Prinz – Talent und Querkopf 60
Lesben im Sport – Das Munkeln in der Schweigezone 68
Andrea – Eine lesbische Fußballspielerin äußert sich 78
Tina Theune-Meyer –
»Irgendwann verkauf' ich vielleicht Fischbrötchen« 83
DFB-Frau Hannelore Ratzeburg –
»Wenn es Probleme gibt, dann bleibe ich« 88
Schiedsrichterinnen – Frauen mit Pfiff 93

Berichten 101
Fußball-Journalistinnen – Ein Hauch von Exotik 103
Sabine Töpperwien – »Fußball-Journalist (weiblich)« 112
»Dieda« – Die erste und einzige Frauenfußball-Zeitschrift 120

Begleiten 125
Karin Sammer – »Ehrlich, ich vermisse nichts« 127
Angelika Schäfer – »Ich gebe überall meinen Senf dazu« 138
Sandra Lenninghaus und Martin Kree –
Die etwas andere Fußball-Beziehung 143
Cornelia Minge – Wendezeit in Dresden 150
Hildegard Lattek – »Fußball – das ist vorbei« 162

Applaudieren 173
Gesellschaftsfähig –
Warum junge Frauen zum Fußball gehen 175
Margret Sewing – Fußball-Oma aus Wattenscheid 184

Literatur/Fotonachweis 190
Zur Autorin 192

Vorwort

Frauen und Fußball – zwei Welten treffen aufeinander. Aber es ist keine unselige, sondern eine lustvolle Begegnung, die facettenreich und vielschichtig die anderen Seiten einer traditionellen Männerbastion offenlegt. Frauen spielen Fußball und entwickeln ihre eigene Sportart, sie gehen ins Stadion und sehen diesen Sport mit anderen Augen. Frauen berichten über Fußball aus einer neuen Perspektive, sie leben und erleben diesen Sport an der Seite eines Trainers oder Spielers – aber doch als eigene Welt.

Und das alles nicht erst seit gestern: Schon im 12. Jahrhundert betrieben französische Bauersfrauen einen fußballähnlichen Volkssport, auch aus dem 18. Jahrhundert sind Berichte von kikkenden Damen überliefert. In den 20er Jahren unseres Jahrhunderts gab es in England eine Blütezeit des Frauenfußballs, zu den Spielen der berühmtesten Mannschaft, den Dick Kerr's Ladies, kamen 50 000 und mehr Zuschauer – kaum anzunehmen, daß sie alle männlich waren. Wenn Schalke 04 in den Zwanzigern und Dreißigern auswärts spielte, war das Anlaß zu regelrechten Familienausflügen, mit Frau und Freundin, mit Thermosflasche und Butterstulle.

Aber wer weiß das schon? Wer weiß schon, daß Frauenfußball mit 20 Millionen Aktiven die beliebteste Frauen-Teamsportart der Welt ist? Wer glaubt schon daran, daß jeder vierte Fußball-Fan weiblich ist, obwohl den Frauen schon immer die intellektuellen Fähigkeiten zum Verstehen der Abseitsregelung abgesprochen werden – und das auch noch von Fußballern?! Und wer ist Deutsche Meisterin, Deutsche Rekordmeisterin, Welt- oder Europameisterin? Das fällt selbst unter Fußballjournalisten in die Kategorie ›Spezialwissen‹, die wenigen Frauen unter ihnen sind meist besser informiert.

»Die Geschichte einer Sportart geht verloren, wenn keiner sie chronologisch festhält«, sagt Monika Koch-Emsermann, die Herausgeberin der ersten und einzigen Frauenfußballzeitung dieses Landes. Und gleiches gilt auch für die Menschen: Wenn Rekordnationalspielerin Silvia Neid nach den olympischen Spielen in Atlanta 1996 aufhören wird, kann sie schon in ein paar Jahren vergessen sein. Aber Fritz Walter, Uwe Seeler und Franz Beckenbauer werden ewig leben.

Wer sich nicht nur für Lothar Matthäus, sondern auch für Silvia Neid interessiert, wer Karin Sammers Sicht auf die Welt des Fußballs kennenlernen möchte und Hildegard Latteks Tätigkeit als Feldenkrais-Pädagogin – für den ist dieses Buch geschrieben. Und natürlich, weil es einen Grund zum Feiern gibt: Seit 25 Jahren spielen die Frauen auch offiziell Fußball, 1970 nahm sie der Deutsche Fußball-Bund (DFB) unter seinem Dach auf. Aber natürlich wurde auch schon vorher gekickt, geköpft und gekämpft – bitte lesen Sie selbst!

Dortmund, im August 1995

Geschichte des Frauenfußballs

Wie alles begann

»*Frühes 18. Jahrhundert in Schottland. Die verheirateten und die unverheirateten Frauen von Kaledonien versammeln sich auf den Hügeln über Iverness für ein jährlich wiederkehrendes Ritual. Zwei Bäume sind die Torpfosten, und in der Mitte des Spielfeldes liegt schon die frisch gefüllte Tierblase bereit. Die beiden Gruppen stehen einander gegenüber – verheiratete Frauen auf der einen Seite und unverheiratete Mädchen auf der anderen. Wie in jedem Jahr, so ist auch dieses Mal das Spielfeld von Männern umrundet. Sie sind hierhergekommen, um sich aus dem Team der unverheirateten Ladies eine Braut auszuwählen. Oder aber, um ihre Ehefrauen im Spiel anzufeuern, die vielleicht noch im vergangenen Jahr in den Reihen der Gegnerinnen gestanden haben.*[1]

Der britische Historiker David J. Williamson erzählt diese Geschichte eines alten schottischen Brauchs, der – ob wahr oder Legende – eines jedenfalls dokumentiert: Frauenfußball ist mehr als eine moderne Zeiterscheinung.

Im Frankreich des 12. Jahrhunderts sollen wackere Bauersfrauen gegen einen mit Schleifchen besetzten Lederball getreten haben.[2] Die Urmütter des Frauenfußballs beteiligten sich am Volkssport »la soule«, dem Vorläufer des heutigen Wettkampfsports Fußball. Auch Eskimo-Frauen haben nachweislich an fußballähnlichen Spielen teilgenommen.[3]

In Deutschland finden sich um 1900 Hinweise auf eine brave Variante des harten Männersports: Die Damen bildeten einen Kreis und spielten sich den Ball mit dem Fuß zu. Obgleich es sich hier eher um eine gymnastische Übung handelte, muß sich die-

---

1 Williamson, David J.: The Belles of the Ball: the Early History of Women's Football, Devon, England, 1991, S. 1. Alle Übersetzungen von der Autorin.
2 FIFA-Video zur Geschichte des Frauenfußballs. Hergestellt anläßlich der 1. Frauenfußball-WM 1991 in China.
3 Vgl. Diem, C.: Ursprung des Fußballs. Festrede des westdeutschen Fußballverbandes in Duisburg 1954, S. 47.

ser Kreisfußball doch am Rande des Erlaubten bewegt haben. Spreiz- und Grätschbewegungen, Hiebe und Stöße der Beine galten als »indecent«. Die Hüter der Moral befürchteten außerdem, daß durch Springen oder Beinspreizen die weiblichen Sexualorgane aus ihrer Lage gebracht werden könnten.[4] Logischerweise hatte ein Spiel, das auf dem Treten eines Balles basiert, kaum Entwicklungschancen, zumal um die Jahrhundertwende allein die Einführung des Schulturnunterrichts für Mädchen höchst umstritten war. Noch bis zum Ersten Weltkrieg wurde an Volksschulen das Turnen durch den weniger aufwendigen Handarbeitsunterricht ersetzt.[5]

Immer beliebter wurde das Fußballspiel an den englischen Schulen – für Jungen und für Mädchen. Offensichtlich ließen sich die Schülerinnen weder von den Vorbehalten ihrer Lehrerinnen (»völlig unpassend für Mädchen«) noch von den Anfangsschwierigkeiten beim Erlernen des Sports abschrecken. Von der Brighton High School für Mädchen wurde aus dem Jahre 1894 berichtet:

»Zunächst gab es die Tendenz, über den Ball zu hüpfen anstatt ihn zu kicken, aber es war offensichtlich, daß die Spielerinnen immer besser und mutiger wurden. Die Eltern beschwerten sich darüber, daß sie ihre Schuhe ausbeulten, ein Fenster ging zu Bruch und, nachdem die Direktorin die Anweisung gegeben hatte, der Ball müsse ausschließlich am Boden gehalten werden, erstarb der Enthusiasmus für das Spiel schließlich.«[6]

Die Vereinheitlichung der Fußballregeln in England im Jahre 1863 hatte sich positiv auf die Entwicklung des Frauenfußballs ausgewirkt. Nachdem zunächst die Hauptstreitfrage, ob der Ball getragen werden dürfe oder nicht, geklärt worden war, verboten die neuen Regeln auch die zum Teil wüsten Ausschreitungen des ehemals sehr harten Kampfspiels.[7] Damit wurde das Spiel auch bei Frauen beliebter.

Während in Deutschland noch der Herrenfußball um Anerkennung zu ringen hatte, gründete die Londonerin Nettie Honeyball 1894 die erste englische Frauenfußballmannschaft, die Bri-

---

4 Vgl. Pfister, G. (Hg.): Frau und Sport. Frankfurt a.M. 1980, S. 17 ff.
5 Vgl. ebd., S. 19.
6 Williamson, 1991, S. 2.
7 Vgl. Der Sport-Brockhaus. Wiesbaden 1984, S. 181.

tish Ladies. Vor 10 000 Zuschauern wurde ein Jahr später das erste Match ausgetragen. Es spielte England-Nord gegen England-Süd. Ergebnis: 7:1. Der Zeitungschronist des »Manchester Guardian« zeigte sich damals weniger am Sport interessiert als um den Anstand und die Grazie der Damen besorgt:

»Eine oder zwei trugen einen kurzen Rock über ihren Knikkerbockern, aber das störte eher das angenehme Gesamtbild der Kleidung, denn der Rock wehte im Wind hin und her, und so wirkten die Bewegungen weniger graziös. Wenn die Neuigkeitswirkung verflogen sein wird, meine ich, wird Frauenfußball wohl keine Massen anziehen, aber es scheint keinen Grund zu geben, warum Frauen sich nicht dieses Spiels bemächtigen sollten als eine neue und gesunde Form der Entspannung. Auf der anderen Seite machte die Vorstellung am Samstag klar, daß eine ›vernünftige‹ Kleidung – das heißt Tunika und Knickerbocker – der einzige Aufzug ist, in dem die Damen auch in Zukunft aktiv sein sollten. Das Frauenfußball-Match hat das eindeutig gezeigt.«[8]

Das Kleidungsproblem bewegte zu dieser Zeit nicht nur die Fußballerinnen, vor allem die Radlerinnen taten sich schwer mit den vorgeschriebenen langen Kleidern oder gar mit den gesundheitsschädlichen »Schnürleibern«. Auf dem sogenannten »Hosenkongreß« 1897 in Oxford lehnten sie sich gegen die Röcke auf und bekleideten sich demonstrativ mit Kniehose. Diese »Tracht der Emanzipation«[9] führte zu empörten Reaktionen der Öffentlichkeit, radfahrende Frauen wurden beschimpft, mit Dreckklumpen beworfen oder von Hunden gebissen. Ein schottisches Frauenfußball-Team, das in den 90er Jahren des 19. Jahrhunderts in verschiedenen Städten Spiele austrug, hatte sich mit dem Vorwurf auseinanderzusetzen, daß *»eine Verteidigerin verdächtigt wurde, in den Knickerbockern ihres Bruders zu spielen. Die Spielerin wurde immer wieder nach dem Namen ihres Schneiders gefragt«*[10], so kommentierte die örtliche Zeitung mit gewolltem Zynismus. Letztendlich aber befreiten sich die sporttreibenden Damen in Europa in der als »Rational Dress Movement« bekanntgewordenen Bewegung von einengenden und

---

8 Williamson, 1991, S. 4.
9 Pfister, 1980, S. 24.
10 Williamson, 1991, S. 5.

behindernden Kleidungsvorschriften: »*Kurz geschürzt, in einer bequemen Hemdbluse und einem glatten Hut oder einer Kappe kann die junge Dame reiten, radeln, rudern, bergsteigen, fechten, turnen, laufen, springen; alles kann sie damit. Sie kann sich bewegen, und Bewegung ist alles, Fortschritt, Leben, Besiegung aller Hemmnisse.*«[11]

Dem englischen Fußballverband, der Football Association (FA), ging diese Entwicklung offensichtlich zu schnell. Als Vorgeschmack des Widerstands gegen kickende Damen wertet jedenfalls der Historiker David J. Williamson die 1902 herausgegebene Anweisung an die Mitgliedsvereine, keine Spiele gegen »lady teams« auszutragen. Auch in Deutschland hatten die Sportlerinnen mit Diskriminierungen zu kämpfen. Die bürgerlichen Turnvereine sahen Frauen nur in ihrer traditionellen Rolle, zum Bekränzen der Sieger und Besticken der Vereinsfahne. Trotz starken Andrangs in den Vereinen wurden sie bis zum Ersten Weltkrieg nicht als gleichberechtigte Mitglieder zugelassen. Bereits um die Jahrhundertwende fingen die vielen sportbegeisterten Frauen deshalb an, sich in selbständigen Vereinen zu organisieren. Unter der Leitung von Turnlehrerinnen waren sie frei in der Auswahl ihrer Übungen. Von volkstümlichen Leibesübungen über Stabhochsprung bis hin zu einem fußballähnlichen Spiel reichte das Spektrum der Aktivitäten. Auch die damals modernen Sportarten wie Hockey, Rudern oder Radfahren wurden von Frauen ausgeübt, später auch in eigenen Spartenvereinen wie z.B. dem Dresdner Frauen-Ruder-Verein.[12] In Frankfurt soll es bereits zu dieser Zeit eine Frauenfußball-Mannschaft gegeben haben, über deren organisatorische Hintergründe heute nichts mehr bekannt ist. Erst in den Zwanziger Jahren bildeten sich einzelne Frauenteams, die mit einer Mischung aus Spannung und Argwohn betrachtet wurden:

»*Die Frage der sportlichen Möglichkeiten bei der Frau ist noch völlig ungeklärt. Sie greift heute zu manchem aus allgemein gesteigertem Kraftempfinden heraus, was früher als Entartung und Sensation erschien. Jetzt hört man, daß sich in Frankfurt a.M. aus Sportlerinnen und Turnerinnen ein Fußballklub bildete. Die Fußballerinnen wollen im stillen trainieren, ohne eine*

---

11 Spiegel, E.: Wir wollen uns bewegen. In: Pfister, 1980, S. 110.
12 Pfister, 1980, S. 149.

Wie alles begann 15

Ausschau auf Wettspielrunden. Sie wollen ein fröhliches Kampfspiel pflegen. Ob es schlimmer wird als das Hockeyspiel, muß abgewartet werden. Das Rad einer andersgearteten Entwicklung im Frauensport rollt. Man darf gespannt sein, wie dieser Versuch ausschlägt.«[13]

Der eigentliche Grundstein zur Etablierung des Frauenfußballs wurde in England während der Kriegsjahre gelegt. Die klassische Rollenverteilung wurde aufgeweicht: Auf dem Lande übernahmen die Frauen die Feldarbeit ihrer in den Krieg gezogenen Männer, in den Städten arbeiteten sie in den Fabriken. Vor allem unter den Arbeiterinnen festigte sich der Zusammenhalt, in Abwesenheit ihrer Männer und Söhne suchten sie miteinander Ablenkung von der anstrengenden Arbeit und den Mühen des Krieges. Dazu Williamson: »*Wer es schließlich war, und wo zuerst der Vorschlag gemacht wurde, ein Frauenfußballteam zu gründen, das werden wir niemals wissen. Aber dieser neue veränderte Geist und das Gefühl der Kameradschaft waren das perfekte Rezept für eine Mannschaftssportart, die den Mädchen helfen konnte, Dampf abzulassen.*«[14]

13 Ebd., S. 179.
14 Williamson, 1991, S. 8.

Die Firmen unterstützten den Frauenfußball – der Sport hielt die Arbeiterinnen fit und gesund. Vorbehalte dagegen gab es in den Familien. Alice Stanley, die damals in dem Team der Munitionsfirma Dick Kerr's Ladies spielte, erzählt von den Anfängen:

»*Ich wurde gefragt, ob ich bei einem Match mitspielen wollte, und ich wollte unbedingt, aber das war alles in letzter Minute und ich hatte keine passenden Schuhe dabei. Egal, ich spielte in meinen Arbeitsschuhen, und die sahen natürlich danach ziemlich mitgenommen aus, wie Sie sich vorstellen können. Meine Mutter ging die Wände hoch, als sie herausfand, wovon.*«[15]

---

15 Ebd., S. 9 f.

Die Goldenen Zwanziger

Ladies' Football wird populär

Bezeichnenderweise war es eine Idee der Männer, die dem Frauenfußball in England zu einer in Europa einzigartigen Blütezeit verhalf. Für die Öffentlichkeit war der Anblick der kickenden Damen damals eine Sensation, in Massen strömten sie in die Stadien. Die Publikumsattraktion ›Ladies Football‹ wußten die (männlichen) Organisatoren und Werbestrategen schon während des Krieges in bare Münze umzusetzen – zu wohltätigen Zwecken. Verwundete Kriegsheimkehrer und bedürftige Familien wurden mit den eingespielten Erlösen unterstützt.

Vom Show-Charakter des Damenfußballs ließ sich in jeder erdenklichen Form profitieren: Da spielten Frauen-Teams gegen Männer, Mixed-Mannschaften gegeneinander, sogar Theater-Fußball in Kostümen führten die Frauen einem zahlenden Publikum vor.[16]

Vom stark industrialisierten Norden aus verbreitete sich in den Nachkriegsjahren der Frauenfußball rasend schnell über England: »*Anfang 1921 war es, als ob ein Frauenfußball-Fieber das ganze Land ergriffen hätte. Jedes größere Dorf hatte nun ein eigenes Frauenteam, in den Städten – vor allem im Norden – gab es sogar mehrere gleichzeitig.*«[17]

Offensichtlich war das positive Image dieser neuen Sportart durchschlagender als die traditionell gepflegten Vorbehalte dagegen. Fußballerinnen waren damals angesehene Damen, die für einen altruistischen Zweck ihre Zeit und Energie opferten. Damit war die Existenzberechtigung des Frauenfußballs – vorläufig – beschlossen.

Trotzdem überraschte es, daß gerade das männliche Fußball-Lager die Kickerinnen unterstützte. Die herannahenden Zuschauermassen konnten nur in den großen Stadien wie Stampford Bridge oder Goodison Park untergebracht werden, in großzügiger Manier

16 Williamson, 1991, S. 11.
17 Ebd., S. 15.

stellte der englische Fußballverband den Damen ihr Quartier zur Verfügung. Auf diese Weise konnten 53 000 (!) Zuschauer in Everton das Spiel der alles überragenden Mannschaft Dick Kerr's Ladies gegen deren einzigen Konkurrenten St. Helens Ladies in Everton verfolgen. Wegen Überfüllung mußten an diesem zweiten Weihnachtsfeiertag des Jahres 1920 weitere 10 000 Fußballinteressierte an den Stadiontoren von Goodison Park abgewiesen werden.[18]

Der Ruhm der Dick Kerr's Ladies, die mit Unterstützung ihrer Firma überall auf den Britischen Inseln Gastspiele für wohltätige Zwecke gaben, hinterließ auch in Wales und in Schottland seine Spuren. Schon 1917 hatte sich im walisischen Cardiff ein Team aus ehemaligen Hockeyspielerinnen zum Kicken zusammengefunden, das innerhalb von zwei Jahren immerhin £ 2 000 für wohltätige Zwecke einspielen konnte. Während sich in Wales der Frauenfußball in geringem Umfang auch in den Nachkriegsjahren halten konnte, war der schottische Frauenfußball nach den Kriegsjahren bald wieder in Vergessenheit geraten.[19]

Die Teams der ersten Stunde waren es, die in England den Frauenfußball mit immer neuen Ideen für ein Massenpublikum attraktiv machten: »Fußball bei Nacht«[20] hieß der neueste Schlager. In der frostkalten Nacht des 16. Dezember 1920 sahen 12 000 Zuschauer das erste Flutlicht-Spiel einer Frauenmannschaft, wobei die zwei starkleuchtenden Militärstrahler sich schnell als unbrauchbar erwiesen und durch Karbid-Lampen ersetzt werden mußten. Weil die Damen und vor allem das Publikum den Ball immer noch eher erahnen mußten als optisch wahrnamen, griff man zu folgendem Mittel: »*Es wurde mit weißen Fußbällen gespielt, die von Zeit zu Zeit ausgewechselt werden mußten von Mr. ›Bob‹ Holmes, der die Bälle wusch und ihnen wieder ein weißes Mäntelchen verpaßte, denn sie wurden immer wieder dreckig.*«[21]

Die Fußball-Ladies aus Preston initiierten im März 1920 auch den ersten internationalen Vergleich zweier Frauenfußball-Teams: Dick Kerr's Ladies gegen Femina Paris.[22] Einzelne wenige französische Teams hatten sich in den Nachkriegsjahren gegrün-

---

18 Vgl. ebd., S. 31.
19 Vgl. ebd., S. 23.
20 Ebd., S. 29.
21 Ebd., S. 30.
22 FIFA-Video, 1991.

Die Goldenen Zwanziger ⚽ 19

det, doch der französische Frauenfußball wurde nie so populär wie der englische. Trotzdem konnten die von der Kanal-Überfahrt arg gestreßten Französinnen nach zwei Niederlagen und einem Unentschieden die Dick Kerr's Ladies in dem letzten Spiel in Chelsea mit 2:1 schlagen.[23]

Noch immer aber hatten Frauenfußballspiele mehr den Charakter einer Wohltätigkeitsveranstaltung als wettkampfsportlichen Wert. So wurden vor allem die insgesamt 61 000 zahlenden Zuschauer, die den englisch-französischen Frauenfußball-Vergleich gesehen hatten, als Erfolg dieser Veranstaltung gewertet. Auch von den französischen Fußballerinnen, die sich für den finanziellen Erlös der Spiele beim Kriegsverbündeten England, der vor wenigen Jahren noch die heimatliche Erde verteidigt hatte, revanchieren wollten und zu einem Gegenbesuch nach Frankreich im Oktober 1920 einluden.[24] Revanchiert haben sie sich auch für den freundlichen Umgangston, der ihnen von den Engländerinnen entgegengebracht worden war: »*In charmanter französischer Art wurde der Sieger gefeiert, die englische Spielführerin wurde von Mlle Braquemond, der französischen Kapitänin, geküßt, die ihren Arm um die Schultern der Gegnerin legte, als sie das Feld verließen.*«[25]

Trotz der großen Popularität hatte es von Anfang an auch schon viele ablehnende Reaktionen auf das Fußball-Engagement der Frauen gegeben. In öffentlichen Veranstaltungen und in der Presse wurde heftig darüber diskutiert, ob Frauen nun wirklich Fußball spielen sollen und vor allem können. Williamson: »*Das Echo auf den Frauenfußball war sehr gemischt, es reichte von Nichtwahrnehmung bis dahin, es lächerlich zu machen. Nur wenige nahmen die Frauen ernst, jedenfalls in der allgemeinen Öffentlichkeit.*«[26]

Aber jahrelang hatte der gute Zweck, die wohltätige finanzielle Absicht, die Existenz des Frauenfußballs trotz zum Teil harscher Pressekritiken gesichert. Die »Football Association«, der englische Verband, stellte die Stadien zur Verfügung und zeigte sich so der guten Sache gegenüber kooperativ, ohne sich jedoch

---

23 Vgl. Williamson, 1991, S. 20.
24 Vgl. ebd.
25 Ebd., S. 21.
26 Ebd., S. 47.

als wohlwollender Förderer des umstrittenen Frauensports zeigen zu müssen.

Doch im Jahre 1921 machten sich Gerüchte über finanzielle Unregelmäßigkeiten breit: Quittungen über Zuschauereinnahmen sollen gefälscht worden sein, einzelne Spielerinnen oder ganze Teams für ihre Auftritte kassiert haben. Es gab weder Beweise noch Zeugen, weshalb der Frauenfußball-Historiker David J. Williamson an ein gezieltes Komplott glaubt: »*Wer auch immer es war, man hatte nur eine simple Absicht: das öffentliche Vertrauen in das Spiel mit Namen ›Frauenfußball‹ zu untergraben und das bisherige Image, nämlich das einer zwar bizarren, aber harmlosen Art, Gelder für gute Zwecke zu sammeln, in einem völlig anderen Licht erscheinen zu lassen.*«[27]

Obgleich die Fußballerinnen öffentlich die Vorwürfe dementierten und sich von den verdächtigten Veranstaltern, die im übrigen ausschließlich in Eigenverantwortung die Erlöse verwalteten, distanzierten, nahm der englische Fußballverband diese Gerüchte zum Anlaß, sich langsam aber stetig vom Frauenfußball zu distanzieren. Mit gezielt durchgeführten Untersuchungen wurde selbst etablierten Teams wie den Dick Kerr's Ladies das Mißtrauensvotum gestellt, bis am 10. Oktober 1921 schließlich der Beschluß gefaßt wurde, »*daß die Vereine auf ihrem Gelände keine Frauenfußball-Spiele mehr zulassen dürfen, wenn nicht zuvor eine Zustimmung für die jeweiligen Spiele von Verbandsseite ausgestellt worden ist*«[28].

Weiter wurde der veranstaltende Club dafür verantwortlich gemacht, daß die geflossenen Gelder korrekt verwendet werden, was wiederum dem Verband offengelegt werden mußte. Dieser Bürokratisierung eines einfachen Frauenfußball-Spiels folgte kurz darauf ein generelles Verbot. Die »Football Association« folgte einer Resolution des beratenden Komittees, daß der Fußballsport »*gänzlich unpassend für Frauen ist und nicht gefördert werden sollte ... Der Ausschuß ist weiter der Meinung, daß ein großer Anteil der Zuschauereinnahmen [aus Frauenfußballspielen] zur Deckung der Kosten verwendet und nur ein unverhältnismäßig kleiner Anteil für wohltätige Zwecke abgegeben wurde.*«[29]

27 Ebd., S. 59.
28 Ebd., S. 65.
29 Ebd., S. 69.

Die Goldenen Zwanziger 21

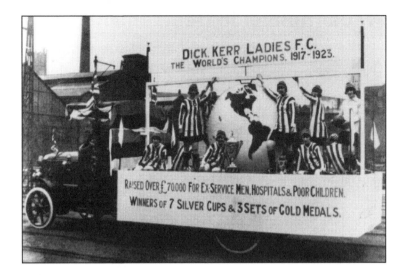

Das Ende des englischen Frauenfußballs als eine Sportart mit Massenpopularität war besiegelt. Obgleich die Fußballerinnen um ihre Existenz kämpften, einen eigenen Verband gründeten und sogar im freiheitlich orientierten Amerika noch 1922 zu Werbezwecken mehrere Spiele gegen Männermannschaften austrugen[30], zeigte sich der englische Fußballverband unerbittlich. 50 Jahre lang sollte dieser Bann, der schon damals im Jahre 1921 als rückständig erkannt worden war, aufrecht erhalten werden. Mrs. Boultwood, die Spielführerin der Plymouth Ladies, zeigte jedenfalls keinerlei Verständnis: »*Der Kontrollausschuß der Football Association ist einhundert Jahre hinter der Zeit zurück, und seine Haltung ist pure Diskriminierung.*«[31]

---

30 Vgl. ebd., S. 89 ff.
31 Ebd., S. 71.

Frauenfußball in Deutschland

In Deutschland finden sich in den 20er Jahren die ersten Spuren fußballspielender Frauen. Doch die Gründung einzelner Mannschaften ist keineswegs als Versuch zu werten, diese neue Sportart zu etablieren, sondern hatte vermutlich experimentellen Charakter. Nach dem Ersten Weltkrieg machten sich die frühen Pionierinnen auf, die sportlichen Terrains der Männer zu stürmen. Ob das die Bergsteigerin Eleonore Noll-Hasenclever war, die mit den besten Alpinisten konkurrieren konnte, oder die Skirennläuferin Paula Wiesinger – Frauen wagten plötzlich alles. Sie nahmen an Auto- und Motorrennen teil, saßen als Pilotinnen in Segel- und Motorflugzeugen, sprangen mit dem Fallschirm ab, waren Jiu-Jitsu-Kämpferinnen, Hammerwerferinnen, Wasserballerinnen, Skispringerinnen, Jockeys – und eben Fußballerinnen.[32] Lieselott Diem, die große Förderin des Frauensports, sagte über ihre Studienzeit: »*Wir trauten uns alles zu – sogar Gewichtheben und Stabhochsprung.*«[33]

Der Krieg und die damit verbundenen politischen und sozialen Veränderungen hatten den Frauen den Zugang zum öffentlichen Leben ermöglicht, die traditionelle Rolle als Hausfrau und Mutter war in Frage gestellt. Entsprechend ließen sich die Frauen anstecken vom damaligen Zeitgeist, einer Massenbegeisterung für den Sport: Das »Sportgirl« wurde in den 20er Jahren zum modischen Frauentyp.[34] Selbst die männlichen Funktionäre hielten die weibliche Körperertüchtigung für erstrebenswert, wobei höchst umstritten war, welche Disziplinen nun als passend zu betrachten seien und welche die physischen und psychischen Möglichkeiten der Frau zu überfordern drohten. Schließlich beteiligten sich die Damen auch an den aus England

---

32 Vgl. Pfister, 1980, S. 33.
33 Ebd., S. 54.
34 Vgl. Pfister, G.: Weiblichkeitsmythen, Frauenrolle und Frauensport. In: Schenk, S. (Hg.): Frauen – Bewegung – Sport. Hamburg 1986, S. 63.

importierten modernen Sportarten – dazu gehörte auch der Fußball –, deren Prinzipien Kampf und Überbietung waren und die sich in Deutschland parallel zur Industrialisierung verbreiten konnten.³⁵

Natürlich setzten sich diese revolutionären Ideen nicht durch. Das ›schwache Geschlecht‹ dürfe auf keinen Fall durch falsche oder übertriebene Sportausübung vermännlichen, kritisierten die Gynäkologen mit warnendem Zeigefinger, zumal eine Frau dann wegen ihres deformierten Beckens für den Mutterberuf nicht mehr in Frage käme. Die »Schönheit, aufgebaut auf der Gesundheit«³⁶ wurde zum Grundsatz des Frauensports gemacht, der Anmut und Ästhetik den Vorrang einräumte gegenüber dem kraftbetonten Kampfsport: »*Der Kampf gebührt dem Mann, der Natur des Weibes ist er wesensfremd.*« ³⁷ Nicht nur für den Frauenfußball waren die Aussichten auf Weiterentwicklung denkbar ungünstig.

60er Jahre: Studentinnen beim Fußballehrgang in Barsinghausen (1963).

35 Vgl. ebd., S. 59.
36 Bergmann, W.: Frauensport und Presse. – In: Start und Ziel 2, 1926, S. 47. Zit.n. Pfister, 1986, S 63, vgl. auch weitere Zitate bei Pfister, 1980, S. 29 f.
37 Kuhn, W.: Wohin führt der Weg? Eine kritische Betrachtung zur Frauensportbewegung. In: Leibesübungen, 1926, S 93. Zit. n. Pfister, 1986, S 64.

Sportlehrerinnen wie Carla Verständig und Annemarie Kopp setzten sich für die Emanzipation der Frau durch Sport ein[38], die Ärztin Alice Profe legte sogar wissenschaftliche Beweise für die Unsinnigkeit der medizinischen Bedenken vor: »*Die heute als sicher festgestellten sexuellen Unterschiede im Körperbau sind so geringfügig, daß sie eine verschiedene Art von Leibesübungen nicht rechtfertigen. Es gibt keinen weiblich gebauten und weiblich arbeitenden Muskel, der in ganz besonderer Weise auf die Anstrengungen durch Leibesübung antwortet, es gibt kein anders geartetes weibliches Blut, keine weibliche Atmung.*«[39]

Trotzdem blieben Bevormundung und Ausgrenzung der weiblichen Minderheit in den Turn- und Sportorganisationen an der Tagesordnung. Die Sportwissenschaftlerin Gertrud Pfister urteilt rückblickend: »*In den 20er Jahren erwies sich die › Weiblichkeitsideologie‹ auf der Grundlage der biologischen Funktionen als Sackgasse, sie bereitete die Diskriminierung der Frau im faschistischen System vor.*«[40]

Unter den Nationalsozialisten wurden die aufkommenden sportlichen Emanzipationsideen vollends unterdrückt, die geschlechtsspezifische Polarisierung der Leibesübungen erreichte seinen Höhepunkt. Die Männer sollten durch einen gesunden Körper ihre Wehrtüchtigkeit ausbilden, Frauensport wurde auf den Erhalt der Gebärfreudigkeit reduziert. Männersportarten für Frauen waren verboten, so auch der Frauenfußball.[41]

---

38 Vgl. Pfister, 1986, S. 64 f.
39 Reinke-Dieker, G.: Die Emanzipation der Amazonen. Frauensport, Geschichte und Gegenwart. In: Lienen, Ewald u. a. (Hg.): Sport. Politik und Profit. Lust und Frust. Hamburg, 1985, S. 91, vgl. auch Pfister, 1980, S. 113 ff.
40 Pfister, 1980, S. 49.
41 Vgl. Pfister, 1986, S. 68 f.

Die 50er Jahre

»Treten ist unweiblich«

Die ersten Erfolge der Herren-Nationalmannschaft und vor allem der Gewinn der Weltmeisterschaft 1954 stärkten nach dem Krieg das Selbstbewußtsein der besiegten Deutschen – Fußball wurde zum Identifikationsobjekt. Zeitungen, Radio und jetzt auch Fernsehen garantierten dem Fußball ein Massenpublikum, in den Vereinen boomte es. Auch an den Frauen ging diese Entwicklung nicht vorbei, was dem 1949 neugegründeten Deutschen Fußball-Bund (DFB) natürlich nicht verborgen blieb.[42] Sollte man die fußballspielenden Frauen, die auf Privatinitiative hin eigene Mannschaften gegründet hatten, unter das eigene Dach holen?

1955 wurde in den zuständigen DFB-Gremien die Anerkennung der Kickerinnen diskutiert. Das Resultat war, daß die Bildung von Damenfußballmannschaften untersagt, Zuwiderhandlung unter Strafe gestellt wurde.[43] Gerechtfertigt wird das Verbot auch heute noch mit den angeblich geschmacklosen Ausuferungen der Frauenfußball-Veranstaltungen. Horst Schmidt, der seinerzeit schon DFB-Mitarbeiter war, distanziert sich: »*Damals sind irgendwelche Manager durch die Lande gezogen, die mit brüstewackelnden Frauen Geld verdient haben. So etwas haben wir abgelehnt.*«[44]

Frauenfußball als Show, von zwielichtigen Figuren der Halbwelt zum Zwecke der Geldmacherei veranstaltet – diese Version des damaligen Frauenfußballs behagt nicht jedem. Rainer Hennies, Journalist und Frauenfußball-Experte versucht die Ursachen zu erklären: »*Die Frauen konnten damals nicht kontinuierlich trainieren und sich mit diesem Sport auseinandersetzen.*

---

42 Vgl. Rohden, H.: Die Stellung des Fußballspiels im modernen Frauensport – dargestellt anhand einer empirischen Befragung von Fußballerinnen. Staatsarbeit der Universität Bochum. Bochum 1984, S. 63.
43 Vgl. Bisanz, G./Gerisch: Fußball. Training, Technik, Taktik. Reinbek 1980, S. 28.
44 Wenn bei Zitaten keine Quelle angegeben wird, handelt es sich um ein Interview, das die Autorin mit dem/der jeweiligen Gesprächspartner/in gemacht hat.

Von daher kann das meiner Meinung nach nur eine Spaßveranstaltung gewesen sein, mit der entsprechenden Wirkung nach außen. Woher soll ein sportliches Niveau im Fußball kommen ohne Training, das geht einfach nicht. Das ist der Grund, warum jemand die Außenwirkung, die so ein Sport hat, kommerziell nutzt.«

Auf Privatinitiative wurde 1957 in Berlin dennoch ein erstes internationales Turnier veranstaltet, das damals sogar als »Europameisterschaft im Frauenfußball«[45] vom Berliner Tagesspiegel angekündigt wurde. Frauenteams aus England, Holland, Österreich und Deutschland traten im eigens angemieteten Poststadion gegeneinander an. Doch die Veranstaltung floppte: Das Publikumsinteresse war gering, die Kosten überstiegen bei weitem die Einnahmen.[46] Auch die Vorbehalte der Fußballverbände gegen diese private Veranstaltung bestätigten sich – wegen finanzieller Unregelmäßigkeiten wurden die selbsternannten Damenfußball-Funktionäre von Berlin zehn Tage nach dem Endspiel (England – Deutschland) verhaftet und dem Vernehmungsrichter vorgeführt.[47]

Ob fragwürdige Machenschaften dieser Art letztlich die Anerkennung des Frauenfußballs in den 50er Jahren verhindert haben oder ob den Frauen durch fehlende Unterstützung der Verbände eine ernsthafte Auseinandersetzung mit der Sportart Fußball versagt blieb, das läßt sich heute kaum mehr nachvollziehen. Brauchbare Argumente lieferte jedenfalls die Wissenschaft den Frauenfußball-Gegnern. 1953 kam der Psychologe Fred J.J. Buytendijk in seiner Arbeit »Das Fußballspiel – eine psychologische Studie« zu der Ansicht, Frauen seien prinzipiell für diesen Sport nicht geeignet: »*Das Fußballspiel als Spielform ist also wesentlich eine Demonstration der Männlichkeit, so wie wir diese auf Grund unserer traditionellen Auffassung verstehen ... Es ist noch nie gelungen, Frauen Fußball spielen zu lassen, wohl aber Korbball, Hockey, Tennis und so fort. Das Treten ist wohl spezifisch männlich; ob darum das Getretenwerden weiblich ist, sei dahingestellt. Jedenfalls ist das Nichttreten weiblich!*«[48]

45 Der Tagesspiegel (Berlin), 27.10.1957.
46 Vgl. Das große Fußball-Lexikon, 1981.
47 Der Tagesspiegel, 13.11.1957 und 14.11.1957.
48 Buytendijk, F. J. J.: Das Fußballspiel – eine psychologische Studie. Würzburg 1953, S. 20.

Ähnlich haarsträubende Argumente führten die Sportärzte ins Feld. Sie bezweifelten, daß die weibliche Kondition für ein Fußballspiel mit international gültigen Spielfeldmaßen und Spielzeiten ausreiche und rieten dem DFB u.a. aus diesem Grund von der Aufnahme des Frauenfußballs in den Verband ab. Hannelore Ratzeburg, DFB-Referentin für Frauenfußball, kommentiert treffend: »*Immer wieder versuchten Frauen, diese beliebte Sportart auch zu betreiben, aber es wurde ihnen jahrelang verwehrt. Was die Männer hartnäckig für sich erkämpft hatten, sollte ihre Sache bleiben.*«[49]

Die Frauen widersetzten sich, spielten auf der Straße, auf Bolzplätzen und in Privatmannschaften weiterhin Fußball. Wie unsinnig das Verbot des DFB war, zeigt das Beispiel von Anne Trabant: In ihrem Heimatort Emlichheim ging die damals Achtjährige mit ihrem kleinen Bruder in den 50er Jahren regelmäßig zum Fußballtraining, doch sonntags beim Spiel durfte sie als Mädchen nur zuschauen. Für den Fußballsport nicht geeignet? Anne Trabant wurde in den 70er und 80er Jahren die führende Spielerinnen-Persönlichkeit des deutschen Frauenfußballs.[50]

---

49 Ratzeburg, H.: Fußball ist Frauensport. – In: Schenk, 1986, S. 85.
50 Vgl. Stoffels, I.: Anne Trabant. Wir waren die Avantgarde. – In: Dieda, Nr. 2, 1993, S. 26.

Die 60er Jahre

Die ersten Teams

In den 60er Jahren hatte sich der Frauenfußball trotz aller Widerstände so ausgeweitet, daß der Wunsch nach einer offiziellen Dachorganisation immer lauter wurde. Es gab bereits erste Bemühungen, nach dem Vorbild von England und Italien einen eigenen Frauenfußballverband zu gründen.[51] Regionalverbände für den Frauenfußball gab es schon in Süd- und in Westdeutschland. Rainer Hennies: »*Das waren wohl konkurrierende Verbände, die wahrscheinlich voneinander nichts wußten – das Ergebnis einzelner privater Initiativen, denn bundesweit gab es ja keine Organisation. Da hat jeder vor sich hingebraten.*«

Zu den ersten offiziellen Bemühungen um die fußballerische Ausbildung von Frauen zählt eine Initiative des Niedersächsischen Fußball-Verbands (NFV). 19 Studentinnen und Lehrerinnen trafen sich 1963 in Barsinghausen zu einem Lehrgang, um bei den Sportlehrern Otto Schade und Benno Hartmann die fußballerischen Grundlagen in Theorie und Praxis zu erlernen (s. Foto S. 28). Damit sollte keineswegs der Damenfußball hoffähig gemacht werden. Den (angehenden) Lehrerinnen wurden Regelkenntnisse und praktische Ballbehandlung vermittelt, damit sie den Jungen an den Schulen Fußballunterricht anbieten konnten.[52]

Für Benno Hartmann, heute 70 Jahre alt, war es »*immer etwas besonderes, wenn die Frauen zum Fußballspielen anreisten. Sie waren sehr engagiert und wißbegierig*«[53]. In den Schulen, so berichtet die damalige Lehrgangsteilnehmerin Dagmar Müller, wurden die fußballkundigen Lehrerinnen wie ein Weltwunder bestaunt: »*Wir haben später bei unseren Schülern aufgrund unserer Entscheidungskompetenz, dem Wissen um Fußballfach-*

---

51 Vgl. Gabriel, K.: Rahmenvoraussetzungen für den Frauenfußball im Deutschen Fußball-Bund. Eine empirische Studie.Staatsarbeit der Universität Siegen. Siegen 1989. S. 5.
52 Hennies, R. : Unsere Lehrerin kann ja richtig Fußball spielen. – In: Hannoversche Allgemeine Zeitung, 10.1.1995.
53 Ebd.

ausdrücke und dem eigenen Spielenkönnen mächtig Eindruck hinterlassen!«[54]

Während der Damenfußball in Deutschland noch immer nicht zugelassen war, bildeten die Verbände in den 60er Jahren doch bereits Schiedsrichterinnen aus. Der Frauenfußball-Experte Rainer Hennies findet bei diesen ersten offiziellen Bemühungen um Fußball-Ämter für Frauen interessant, »*daß die Frauen in den Anfängen nur in den dienenden Funktionen anerkannt wurden, nicht aber als aktive Spielerinnen*«.

Auch in den 60er Jahren beherrschten noch biologistische Argumente gegen den Frauenfußball die öffentliche Diskussion, nach wie vor gestützt durch wissenschaftliche Aussagen. Fußball war nach wie vor das Spiel des Mannes, körperlich wie geistig, was unter anderem daran zu erkennen sei, daß der »*heftig ausgreifende Fußstoß, dem keine andere Körperbewegung an Wucht gleichkommt ..., die Männlichkeit dieses Spiels erhöht*«[55].

Faktisch aber ließ sich die Entwicklung des Frauenfußballs in Deutschland nicht mehr aufhalten. Wichtige Impulse kamen dabei aus dem Ausland: Vor allem in Dänemark, Holland und der Tschechoslowakei setzte sich diese Sportart immer mehr durch.[56] Frauenfußball war auf dem Weg, eine international anerkannte Sportart zu werden, entsprechend wuchs der Druck auf die Deutschen. Eine Vorreiterrolle hatte damals die Tschechoslowakei, wo schon frühzeitig medizinische Untersuchungen zur Klärung des Für und Wider des Frauenfußballs vorgenommen wurden. Bereits Mitte der 60er Jahre fanden dort organisierte Frauenfußballturniere statt, ebenso gab es eine universitäre Ausbildungspflicht für angehende Sportlehrerinnen.[57] Sparta Prag gründete 1968 seine erste offizielle Frauenfußballmannschaft.

Das Vorpreschen der Tschechinnen wirkte sich unmittelbar auf den Frauenfußball der damaligen DDR aus. Hennies: »*In Sachsen sind die Tschechinnen über die Grenze gekommen und*

---

54 Vgl. Hennies, R.: Entknäueln, entknäueln. Unveröffentlichter Artikel, verfaßt für den Niedersächsischen Fußballverband.
55 Eppensteiner, 1964, S. 125. Zit.n. Tschap-Bock, A.: Frauensport und Gesellschaft. Der Frauensport in seinen historischen und gegenwärtigen Formen. Ahrensburg 1983, S. 138.
56 Vgl. FIFA-Video.
57 Vgl. Hansen, H.: Frauenfußball. Vorgelegt zur Tagung des DFB-Beirates, Kiel 1970. Zit.n. Gabriel, 1989, S. 5.

haben dort gekickt. Auf diese Weise sind einzelne Keimzellen und im Prinzip auch der DDR-Frauenfußball entstanden.«

Ende der 60er Jahre wurden auch in Deutschland-West die ersten Frauenmannschaften gegründet. »Oberst Schiel« nannte sich ein Team aus Frankfurt, das sich 1968 zusammenschloß und dessen Entstehungsgeschichte durchaus kurios ist. Monika Staab, heute Trainerin vom Bundesligisten SG Praunheim, berichtet: »*Ursprünglich war das ein Schützenverein aus Frankfurt. Die Frauen der Schützen veranstalteten zum Spaß ein Fußballspiel gegeneinander, hatten eine Riesenfreude daran und wollten es auch gleich wiederholen. Nur ging das leider nicht, weil danach viele Spielerinnen verletzt waren, Zerrungen undsoweiter. Und da haben sie beschlossen: Wenn wir Fußball spielen wollen, ohne uns zu verletzen, dann müssen wir regelmäßig trainieren.*«

Erstaunlicherweise waren die Ehemänner von dieser Idee ebenfalls angetan, weshalb man sofort eine wöchentliche Übungsstunde unter dem Trainer Ferdi Stang anberaumte. Über zehn Jahre lang war Oberst Schiel, u.a. mit der Spielerin Monika Staab, in Hessen die dominierende Mannschaft.

In Süddeutschland entstanden auf Privatinitiative ebenfalls einige Frauenteams, als erste Clubs aus dem Jahre 1969 werden der SC 07 Bad Neuenahr, SV Illertissen, SV Ochtendung und TUS Wörrstadt gemeldet.[58] Eine Auswahl dieser Vereinsspielerinnen, vor allem aus Illertissen und Bad Neuenahr, trat dann auch unter dem Trainer Heinz Schweden bei einem internationalen Turnier in Italien an, das 1970 als erste inoffizielle Frauenweltmeisterschaft in die Annalen der Fußballgeschichte eingegangen ist.[59]

Wie es überhaupt zu einer deutschen Teilnahme kommen konnte – Frauenfußball war immer noch mit einem Verbot des DFB belegt – erklärt Rainer Hennies: »*Es hat wohl eine Einladung gegeben, aber offiziell gab es ja keinen Frauenfußball in Deutschland. Irgendwie muß diese Einladung dann nach Bad Neuenahr gelangt sein, aber die durften als Verein nicht teilnehmen und als deutsche Nationalmannschaft schon gar nicht. Da wurde eben diese Lösung mit der Stadtmannschaft gefunden.*«

---

58 Vgl. Hennig, B.: Frauenfußball – eine runde Sache. – In: Sportzeit, Nr. 8, 1976, S. 5.
59 Vgl. Gabriel, 1989, S. 6. Vgl. auch Ratzeburg, 1986, S. 86.

Die 70er Jahre

Frauenfußball wird offiziell

Die Getränkefirma Martini & Rossi veranstaltete 1970 in Italien die erste inoffizielle Frauenfußball-Weltmeisterschaft, was treffender als ein privat veranstaltetes internationales Turnier charakterisiert werden muß. Das deutsche Team aus Bad Neuenahr/Illertissen hatte sich mit mehreren Testspielen gegen süddeutsche Vereine durchaus ernsthaft auf dieses sportliche Großereignis vorbereitet, schied dann aber mit einer 1:5-Niederlage gegen England vorzeitig aus.[60] Vor 35 000 Zuschauern im Endspiel in Turin wurde Dänemark Weltmeister.

Die Schweizerinnen nahmen dieses Turnier zum Anlaß, schon einige Wochen darauf eine offizielle Frauenfußball-Nationalmannschaft zu gründen, und auch in Deutschland wurde die bisherige Verweigerung neu überdacht. Immer mehr Mannschaften fanden zusammen, immer mehr Vereine wollten Frauenabteilungen einrichten – es schien nur noch eine Frage der Zeit, wann die kickenden Frauen zur Not auch in einem eigenen Frauenfußball-Verband einen organisierten Spielbetrieb einrichten würden.[61]

Am 30. Oktober 1970 wurde dann beim DFB-Bundestag in Travemünde das Verbot für den Damenfußball aufgehoben, die Mitgliedschaft im DFB beschlossen und die Durchführung eines ordnungsgemäßen Spielbetriebs den Landesverbänden unterstellt.[62] Frauenfußball war nun auch in Deutschland offiziell anerkannt, nachdem Frankreich wenige Monate vorher mit gutem Beispiel vorangegangen waren.[63]

Gerätselt werden darf im nachhinein darüber, was diesen Sinneswandel letztlich ausgelöst hat. Glaubt man der DFB-Version, so gingen die Dinge völlig reibungslos und unspektakulär vor sich. Horst Schmidt, heute DFB-Abteilungsleiter in Sachen Spiel-

---

60 Vgl. Das große Fußball-Lexikon, 1981.
61 Vgl. Ratzeburg, 1986, S. 86.
62 Vgl. Bernau, K.: Damenfußball im Vormarsch. Bd. 1. Oberursel/ Taunus 1980, S. 9. Vgl. auch Ratzeburg, 1986, S. 86.
63 Vgl. Das große Fußball-Lexikon, 1981.

betrieb: »*Im Prinzip gab es kein offizielles Verbot, so wie es heute unterstellt wird, sondern der Bedarf war einfach nicht da. Aber als dann unsere Vereine mit weiblichen Mitgliedern an uns herangetreten sind, mit dem Wunsch Fußball zu spielen, haben wir auf Antrag eines Landesverbandes beschlossen, daß Frauenfußball offiziell gespielt wird.*«
Nicht ohne sich jedoch vorher von der Ernsthaftigkeit des Anliegens zu vergewissern. Beim Turnier um den Goldpokal in Rüsselsheim nahmen die DFB-Funktionäre die anwesenden Vereinsmannschaften unter die Lupe. »*Ich war damals persönlich vor Ort, um mit den Leuten zu reden und mich zu informieren*«, so Horst Schmidt, der offensichtlich schon damals für die Idee des Frauenfußballs gewonnen werden konnte. Die folgenden 25 Jahre sollte er sich im DFB als »Manager im Hintergrund«[64] mit dem Frauenfußball befassen.

Aber nicht nur persönliche Fürsprache, auch andere Dinge mögen den DFB dazu bewogen haben, Frauenfußball unter dem eigenen Dach zu etablieren. Rainer Hennies meint: »*Frauen haben in den 60er Jahren – ob das in Deutschland, Italien oder sonstwo war –, gezeigt: › Wenn es im Verband nicht möglich ist, dann spielen wir halt privat‹. Auf jeden Fall haben sie gespielt. Ich denke mal, da mußte man jetzt ›Ordnung‹ schaffen; entsprechende Zitate und Aussagen von Funktionären des DFB, der UEFA*[65] *bis hin zur FIFA*[66] *gibt es, das ist nachlesbar.*«

Ob zähneknirschend oder wohlwollend, ob zur Kontrolle oder zur Förderung des Frauenfußballs – der damalige DFB-Präsident Hermann Neuberger sah auf jeden Fall die drohende Gefahr gebannt: das Abgleiten des Frauenfußballs in die Niederungen unseriöser Veranstalter wie zum Beispiel beim »Damencatchen im Schlamm«[67].

Doch hatte der DFB die Fußballerinnen nur mit der Auflage anerkannt, bestimmte Spiel- und Regelvorschläge zu beachten, die garantieren sollten, daß »*von Seiten des Sportarztes für das*

---

64 Dieda, Nr. 3 1994, S. 63.
65 Europäischer Fußballverband (Abkürzung für: Union Européenne de Football Association).
66 Weltfußballverband (Abkürzung für: Féderation Internationale de Football Association).
67 Vgl. Becker, M.: Der Doppelpaß von Frau zu Frau. – In: Süddeutsche Zeitung, 24.9.1994.

Fußballspiel der Frauen keine Bedenken bestehen«[68]. Mit Unterstützung von Dr. Inge Bausenwein, der Vorsitzenden der Sektion Frauensport im Deutschen Sportärztebund, wurden im Spielausschuß folgende Regeln für den Frauenfußball aufgestellt:[69]

a) Die Spielfeldgröße mit allen in den Fußballregeln vorgesehenen Maßen wird beibehalten.
b) Es sollen Jugend-Fußbälle benutzt werden.
c) Die Zahl der Spieler wird ebenfalls beibehalten, genau wie die Möglichkeiten des Spieleraustauschs.
d) Stollenschuhe werden abgelehnt.
e) Die Spiele sollen von guten, gegebenenfalls auch älteren Schiedsrichtern geleitet werden. Weibliche Schiedsrichter sind heranzubilden.
f) Für die einzelnen Altersgruppen sollen folgende Spielzeiten eingeführt werden:
6-10 Jahre: 2 x 20 Minuten
10-18 Jahre: 2 x 25 Minuten
ab 18 Jahre: 2 x 30 Minuten
g) Der Angriff auf die Torhüterin soll im Torraum generell verboten sein.
h) Im übrigen gelten die internationalen Spielregeln, wobei zum Schutz des Körpers der Gebrauch der angelegten Hand erlaubt sein soll (Handinnenfläche zum Körper).
i) Die Spiele sind bei bestmöglichen Platzverhältnissen auszutragen, weshalb sich die Spielsaison auf die Zeit vom 1. März bis 31. Oktober beschränken soll.
j) Meisterschaftsspiele und Spiele in der Halle werden zumindest vorerst abgelehnt.
k) Jede Mannschaft sollte eine weibliche Betreuerin haben.
l) Die Spielberechtigung wird erst nach einer sportärztlichen Untersuchung und mit Zustimmung des Sportarztes für eine Spielsaison erteilt. Jeweils nach einer Saison hat innerhalb von vier Wochen eine weitere sportärztliche Untersuchung zu erfolgen.

---

68 DFB (Hg.): Empfehlungen des DFB-Schulfußballausschusses zur Aktivierung des Mädchenfußballs in Schule und Verein. Frankfurt a.M. 1984, S. 12 f.
69 Ratzeburg, 1986, S. 87.

Fast alle speziell für die Frauen aufgestellten Regeln sollten sich in der Folgezeit als nicht durchführbar bzw. unsinnig erweisen. Schon ab der Saison 1972/73 organisierten alle 16 Landesverbände Meisterschaftsspiele für Frauen in Doppelrunden, die vorgesehene halbjährige ›Winterpause‹ mußte natürlich entfallen. Mitte der 80er Jahre wurden die unterschiedlichen Frauenfußball-Regeln der europäischen Länder von der UEFA vereinheitlicht. Erlaubt waren jetzt auch Stollenschuhe, gespielt wurde mit normalgroßen Bällen und das bei jedem Wetter.[70] Fazit: Die Frauen spielten nach fast den gleichen Regeln wie die Männer. In den 90er Jahren wurde als ein weiterer Akt weiblicher Fußball-Emanzipation schließlich die Spielzeit auf 90 Minuten verlängert (vorher waren es 2 mal 40 Minuten).

Die formale Zulassung des Frauenfußballs löste einen Ansturm auf die Vereine aus, die sich beeilten, Frauenabteilungen zu gründen. Bereits im Folgejahr 1971 gab es in Deutschland 1 110 Mannschaften, 1982 hatte sich die Anzahl mit 2 891 Teams mehr als verdoppelt.[71] Viele oft ältere Spielerinnen sattelten vom Handball zum Fußball um oder kamen wie die Frankfurterin Monika Koch-Emsermann von der Leichtathletik-Abteilung: »*Eine wollte damals Fußball spielen, die anderen 15 haben ja gesagt, und dann haben eben alle mitgekickt. Unser erster Trainer beim FSV Frankfurt war Oskar Lotz, ein ehemaliger Nationalspieler. Der wurde vom Präsidium angesprochen und hat sofort ja gesagt. Doch was er damals vorgefunden hat, das war ein Häuflein von Frauen, die kicken wollten, aber alles andere als Fußballerinnen waren!*«

Zuschauer und Medienvertreter strömten neugierig in die Stadien, um die Sensation ›Frauenfußball‹ zu erleben und zu verbreiten. Was sie allerdings sahen, erfüllte kaum ihre Erwartungen. Koch-Emsermann: »*Keglerinnen, Stammtische, alles, was laufen konnte, versuchte Fußball zu spielen. Viele Leute haben sich totgelacht, was da alles über den Platz gestolpert ist, und sind danach nie mehr wiedergekommen. Aus dieser Zeit stammen zum Teil noch heute die Vorurteile.*«

Doch es gab auch sehr viele Frauen, die sich ernsthaft mit dem Frauenfußball auseinandersetzten. Zu einem allgemein beachte-

---

70 Vgl. ebd., S. 90 f.
71 Vgl. DFB: Damenfußball – Grundlagen und Entwicklung. Frankfurt 1983, S. 15.

ten und sportlich anerkannten Ereignis wurde die erste inoffizielle Deutsche Meisterschaft 1973, bei der die vorher ermittelten Landesmeister um einen privat gestifteten Goldpokal spielten. Der TUS Wörrstadt gewann dieses Turnier, das schon im kommenden Jahr nach exakt demselben Modus wiederholt wurde – mit einem Unterschied: Der DFB, 1973 noch Beobachter der Szenerie, funktionierte das Goldpokal-Turnier der Landesmeister 1974 in eine offizielle Deutsche Meisterschaft um. Im ersten deutschen Endspiel des Frauenfußballs besiegte der TUS Wörrstadt, zu dessen Spielerinnen auch Anne Trabant zählte, den FC Bayern München.[72]

Obgleich der DFB in puncto ›Frauenfußball‹ auch heute noch eher vorsichtig zu Werke geht (Schmidt: »*Die Dinge müssen langsam wachsen*«) und lieber schon erprobte Wege geht als Experimente wagt[73], gehörte Deutschland zu den ersten Ländern, in denen sich Frauenfußball institutionalisieren konnte. Nach einer FIFA-Umfrage, deren Ergebnisse 1970 veröffentlicht wurden, gaben nur zwölf von 90 befragten Mitgliedsverbänden an, den Frauenfußball offiziell zu befürworten. In Westeuropa waren das Frankreich, die Bundesrepublik Deutschland, Schweden und Wales.[74] Die Umfrage zeigte auch, wie breit das internationale Meinungsspektrum in der Diskussion um Frauenfußball damals gestreut war. Während in Europa fast überall Frauenteams existierten und zumindest toleriert wurden, beantwortete ein asiatischer Verband den FIFA-Fragebogen nur mit der lakonischen Bitte: »*Gott bewahre uns vor dem Frauenfußball!*«[75]

In Südamerika wurde bereits in Brasilien, Argentinien und Mexiko Frauenfußball gespielt; Paraguay hingegen belegte dieses Spiel mit einem Verbot, weil es »gegen die Natur der Frau«[76] verstoße. Bemerkenswert groß war nach der FIFA-Umfrage die Zahl der nationalen Verbände, die sich für ihre kickenden Frauen überhaupt nicht zu interessieren schienen. Rund ein Drittel hatte

72 Vgl. Gabriel, 1989, S. 10.
73 Ähnlich wie bei der Deutschen Meisterschaft 1974 wurde in diesem Jahr der DFB-Hallencup offiziell ausgerichtet, der im Vorjahr in fast identischer Form privat ausgerichtet worden war.
74 Vgl.: »Gott bewahre uns vor dem Frauenfußball.« – In: Verbandszeitung des Niedersächsischen Fußballverbandes, 10.10.1970.
75 Ebd.
76 Ebd.

sich noch nie mit der Frage befaßt, Frauenfußball etwa in die eigene Institution aufzunehmen bzw. hielt eine Erörterung dieses Punktes für nicht wichtig genug.[77]

Die erfolgreichste Frauenfußball-Nation war in den 70er Jahren Dänemark. Bei der zweiten inoffiziellen Weltmeisterschaft in Mexiko gewannen die Däninnen das Endspiel gegen ihren Gastgeber Mexiko. Mit ihren drei Toren wurde die damals 15jährige Susanne Augustesen zur Volksheldin, noch heute ist die 39jährige in der italienischen nationalen Liga, Serie A, aktiv. In Deutschland berichteten die Presseagenturen in Kurzmeldungen über dieses frauenfußballerische Top-Ereignis, vor allem die Rekord-Kulisse von 100 000 Zuschauern im Finale war eine Sensation.[78]

Hierzulande waren der TUS Wörrstadt (Deutscher Meister 1974), der Bonner SC (1975) und der FC Bayern München (1976) die bestimmenden Mannschaften der Anfangszeit. Vor 2 000 – 3 000 Zuschauern spielten sie meist untereinander die Deutsche Meisterschaft in Turnierform aus. Auch zu den Meisterschaftsspielen kamen teilweise viele Zuschauer, so erinnern sich die BrauweilerFrauenfußball-Fans Michael Röllgen und Willi Staubitz: »*1975 spielte der Bonner SC in Deutschland die große Geige. Die kamen damals mit einer Spielerin, einer Farbigen namens Beverly Rangers. Die wollten sie natürlich alle sehen, das zog die Massen an. Damals hatten wir den Sportplatz noch mitten im Dorf, 2 000 waren da. Man wußte überhaupt nicht mehr, wohin mit den ganzen Leuten.*«

Angeblich war die besagte Beverly Rangers auch die erste Spielerin in Deutschland, die für ihre Fußballkunst entlohnt wurde: Als Gehalt sollen ihr vom Bonner SC 600 DM bezahlt worden sein, Kost und Logie frei.[79] Ende der 70er Jahre aber war es ein anderes Team, das von sich reden machte: Die große Zeit der SSG 09 Bergisch Gladbach war gekommen, deren Top-Spielerin hieß Anne Trabant.

---

77 Ebd.
78 Vgl. FIFA-Video.
79 Vgl. Das große Fußball-Lexikon, 1981.

Die 80er Jahre

Premiere der Nationalmannschaft

In den 80er Jahren wurde die SSG 09 Bergisch Gladbach, die schon 1977, 1979 und 1980 Deutscher Meister war, zum alles dominierenden Club. Das Team um die Mittelfeldregisseurin Anne Trabant wurde nicht nur zum Abonnementmeister in Deutschland (1980-1984, 1988, 1989), sondern vetrat den Deutschen Fußball-Bund auch bei der inoffiziellen Weltmeisterschaft 1981 in Taiwan. Der DFB-Funktionär Horst Schmidt hatte die Einladung aus Fernost mitgebracht: »*Ich betreute die B-Jugend von Eintracht Frankfurt, die damals Deutscher Meister war, deshalb war ich in Taiwan. Dort hatte man schon zweimal ein Internationales Turnier veranstaltet für Frauen, und so wurde mir eine Einladung für die deutsche Nationalmannschaft mitgegeben, obwohl es die damals natürlich noch nicht gab. Im Spielausschuß beim DFB haben wir dann beschlossen, die beste deutsche Mannschaft, eben den Deutschen Meister Bergisch Gladbach, hinzuschicken.*«

Die Reise mußte der Verein allerdings aus eigener Tasche finanzieren.[80] Als Siegerinnen kamen die Gladbacherinnen damals aus Taiwan zurück, wo man sie als »deutsche Nationalmannschaft« gefeiert hatte. Doch wirklich falsch war diese Bezeichnung letztendlich nicht, wie sich ein Jahr später (1982) bei der offiziellen Gründung der Frauen-Nationalmannschaft zeigen sollte. Silvia Neid, heute Spielführerin, berichtet: »*Wir hatten damals einen Lehrgang mit 60 Spielerinnen, am zweiten Tag waren es nur noch 30, und in den Kader berufen wurden dann 16 Spielerinnen, zwölf davon aus Bergisch Gladbach und vier andere.*« Unter dem DFB-Fußballehrer Gero Bisanz wurde am 10. November 1982 das erste Länderspiel der Frauen ausgetragen, in Koblenz gewann die deutsche Auswahl gegen die Schweiz mit 5:1.[81]

---

80 Vgl. Gabriel, 1986, Kap. 2.2.
81 Vgl. Stoffels. – In: Dieda, Nr. 2, 1993.

Trotz dieses Anfangserfolgs gab es im deutschen Lager von Beginn an Schwierigkeiten. Die Starspielerin Anne Trabant, eigentlich als Co-Trainerin beim Frauenfußball-unerfahrenen Bisanz vorgesehen, konnte sich mit ihrem neuen Chef nicht anfreunden. Trabant: »*Die Chemie zwischen mir und Bisanz stimmte nicht. Ich war im Verein gewohnt zu bestimmen, was gemacht wird.*«[82] Nach der verpaßten Europameisterschafts-Qualifikation 1983 beendete die prominente Gladbacherin ihr Engagement in der Nationalmannschaft.

Unzufrieden war auch Gero Bisanz, trotz anfänglicher Vorbehalte noch heute Nationaltrainer. Was ihn damals am meisten störte, waren nicht fußballerische Mängel, er vermißte bei den Fußball-Frauen die konsequente Leistungsbereitschaft: »*Eine der ersten Spielerbesprechungen –, und was passiert? Plötzlich sehe ich, wie eine Spielerin die Beine übereinanderschlägt, in die Tasche greift und sich eine Zigarette anzündet.*«[83]

Die Situation veränderte sich, als in der Spielzeit 1985/86 die Regional- und Oberligen für den Spielbetrieb der Vereine gegründet wurden. Jetzt waren die Fußballerinnen auch in ihren Meisterschaftsbegegnungen mehr gefordert, Frauenfußball vor allem in den führenden Clubs der höchsten Spielklasse hatte mehr und mehr leistungssportlichen Charakter. Die SSG Bergisch Gladbach bekam Konkurrenz vom KBC Duisburg (Deutscher Meister 1985), dem FSV Frankfurt (1986) und vor allem dem TSV Siegen (1987, 1990-1992, 1994). Die DFB-Trainerin Tina Theune-Meyer, die seit 1986 mit Gero Bisanz zusammenarbeitet, spürte eine Leistungssteigerung auch in der Nationalmannschaft: »*Spielerinnen von anderen Vereinen konnten jetzt ebenfalls nominiert werden. Da war einfach die Mischung besser, auch vom Teamgeist her.*«

Trotzdem verpaßte das deutsche Team auch 1987 die Qualifikation zur 2. Frauenfußball-Europameisterschaft. Die Deutschen scheiterten an den spielstarken Gruppengegnern Dänemark und Finnland. Ein Achtungserfolg war das 0:0-Unentschieden gegen den späteren Europameister Norwegen.[84]

1989 aber wurde das große Jahr für den deutschen Frauenfußball. Im eigenen Land gewann das Team um Spielmacherin Silvia

---

82 Ebd., S. 27.
83 Schleich, C.: Gero Bisanz. In: Dieda, Nr.5, 1994, S. 51.
84 Vgl. Gabriel, 1989, S. 13.

Die 80er Jahre ⚽ 39

**Die deutsche Frauenfußball-Nationalmannschaft (gegründet 1982). Europameister 1989, 1991 und 1995; Vize-Weltmeister 1995.
Von rechts: Dagmar Pohlmann (FSV Frankfurt); Bettina Wiegmann (Grün – Weiß Brauweiler); Maren Meinert (FC Rumeln – Kaldenhausen); Patrizia Brocker (TUS Niedenkirchen); Heidi Mohr (TUS Ahrbach); Martina Voss (FC Rumeln – Kaldenhausen); Anouschka Bernhard (FSV Frankfurt); Birgit Austermühl (Frankfurt); Jutta Nardenbach (Ahrbach); Manuela Groller (Brauweiler); Silvia Neid (TSV Siegen).**

Neid den Europameister-Titel. Die deutsche Nationalmannschaft schlug im Finale den Titelverteidiger Norwegen mit 4:1, 22 000 (!) Zuschauer(innen) feierten im Osnabrücker Stadion an der Bremer Brücke ein Frauenfußball-Fest. Das Fernsehen übertrug den Halbfinal-Krimi gegen Italien (5:4 nach Elfmeterschießen) und auch das Endspiel live, die Presse jubelte bundesweit. Selbst ehemalige Skeptiker wurden von den Leistungen der deutschen Spielerinnen überzeugt. Der inzwischen verstorbene Hermann Neuberger, damals DFB-Chef: »*Unsere Vorbehalte sind oft falsch verstanden worden. Dieser Fußball mit Herz jedenfalls hat mich tief beeindruckt, und ich hoffe, daß es mit dem Damenfußball jetzt weiter aufwärts geht*«.[85]

---

85 Holthoff, U.: Ein Sieg für den Frauenfußball. – In: Süddeutsche Zeitung, 3.7.1989.

Erfolgreiche Stürmerin der deutschen Nationalmannschaft: Bettina Wiegmann (im Nationaltrikot), 24, vom Deutschen Vizemeister 1995 Grün-Weiß Brauweiler.

Die Europameisterschaft 1989 war auch in anderer Hinsicht ein wesentlicher Schritt nach vorne. Noch in den 80er Jahren hing dem Frauenfußball das schlechte Image der Vergangenheit an. Das Klischee von unweiblich ausschauenden Fußball-Trampeln hielt sich beharrlich in den Köpfen der sich verweigernden Zuschauer. Doch zum ersten Mal hatte das Massenmedium Fernsehen spannende und sportlich anspruchsvolle Spiele einem Massenpublikum live ins Wohnzimmer gebracht – der Anfang einer wirklichen Anerkennung der Sportart Frauenfußball war geschafft.

Ein Boom, das wußte der Nationaltrainer Gero Bisanz, war trotzdem 1989 nicht zu erwarten, wohl aber eine positive Wirkung vor allem im Nachwuchsbereich: »*Frauenfußball wird sich nur ganz langsam entwickeln. Nach dem EM[86]-Titelgewinn von 1989 legten viele Eltern ihre Aversionen gegen Frauenfußball ab. Wir hatten damals viele Anmeldungen, nach jeder Europameisterschaft werden es mehr.*«[87]

---

86 Abkürzung für Europameisterschaft.
87 Ein Plädoyer für den Frauen-Fußball. (Interview mit Gero Bisanz). – In: DFB-Aktuell. EM-Finale der Frauen Deutschland – Schweden, 26.3.1995, S. 13.

Frauenfußball heute

Viel Erfolg, wenig Geld

Nach 25 Jahren Entwicklungsarbeit steht der Frauenfußball heute auf einer soliden Basis. Die Einführung einer zweigleisigen Bundesliga mit jeweils zehn Mannschaften war 1990 ein wichtiger Schritt nach vorne, den leistungssportlichen Ambitionen vieler Vereine mußte damals auch vom Namen her eine entsprechende Spielklasse eingerichtet werden. »*Denn die guten Eindrücke bei der Europameisterschaft 1989 nutzen doch gar nichts, wenn den Zuschauern in Punktspielen kein guter Fußball geboten wird*«, nörgelte Gerd Neuser, jahrelanger Trainer der Spitzenmannschaft TSV Siegen, noch während der EM-Euphorie. »*In der Regionalliga-West treten wir manchmal gegen Mannschaften an, die nicht einen Schuß aufs Tor bringen.*«[88]

Zwar stieg das sportliche Niveau, aber auch die Bundesliga hatte in den fünf Jahren ihrer Existenz nicht die erhoffte Außenwirkung. Mehr Zuschauer, mehr Medieninteresse, mehr Sponsoren – diese Rechnung ging nicht auf. »*Drei, vier Spitzenclubs beherrschen mit ihren oft zusammengekauften Mannschaften die Liga*«, analysiert Hildegard Frauenrath aus der Sicht einer jahrelang aktiven Spielerin, »*der Rest fällt völlig ab. Im Prinzip gibt es da keinen Unterschied zu der damaligen Regionalliga.*«

Beispiel FSV Frankfurt: Der frischgebackene Deutsche Meister besiegte am 14. Mai 1995 Grün-Weiß Brauweiler mit 2:0 und beendete die Saison ohne Niederlage. Eine Erfolgsstory? Für das mit Nationalspielerinnen gespickte Team von Trainer Jürgen Strödter sicherlich, für den Frauenfußball nicht unbedingt.

»*Es kann nicht gut sein für unseren Sport, daß Top-Mannschaften wie beispielsweise der FSV Frankfurt nur vier schwere Spiele im Jahr haben. Da wird die Torfrau nie geprüft, und die Abwehr bemerkt erst im Halbfinale um die Deutsche Meisterschaft oder den Pokal ihre Schwächen, weil vorher die meisten Spiele mit 8:0 oder 10:0 gewonnen wurden*«, sagt Monika Staab,

---

88 Fechtig, B.: Eine mittelschwere Revolution. – In: Die Tageszeitung, 3.7.1989.

Trainerin beim benachbarten Bundesligisten SG Praunheim, *»und davon mal abgesehen, ist das auch für die Zuschauer nicht gerade interessant.«*

Selten kommen zu einem normalen Bundesliga-Spiel mehr als 200 Zuschauer. Erst bei den Endspielen, wo die beiden Erstplazierten aus Nord und Süd untereinander die Deutsche Meisterschaft ausspielen, steigt das Publikumsinteresse. Heute freut man sich über 2 000 Zuschauer im Halbfinale beim Duisburger Vorortclub FC Rumeln-Kaldenhausen fast genauso wie über das überraschende Unentschieden gegen den Top-Favoriten FSV Frankfurt (2:2). Nur manche erinnern sich wehmütig der alten Zeiten, als vor über 20 Jahren im deutschen Finale von Bergisch Gladbach gegen Bayern München 18 000 Zuschauer im Stadion waren.

Damals war Frauenfußball noch ein Novum, heute ist es Alltag. Zwar werden die Bundesliga-Spielerinnen kaum mehr mit schlechten Witzen und sexistischen Sprüchen belästigt (»Trikot-Tausch, hah, hah«), als Fußballerinnen werden sie stattdessen heute weitgehend ignoriert. Während die lokalen Zeitungen noch pflichtschuldig Sonntag für Sonntag berichten, rückt das Fernsehen nur zu Spitzenspielen an – drei Mal im Jahr eben. *»Und meistens werden dann nur ein paar Sekunden im Regionalfernsehen gezeigt«*, meint Wolfgang Bing (stellvertreder Abteilungsleiter beim FSV Frankfurt) enttäuscht vom öffentlich-rechtlichen Fernsehen. Dabei haben ARD und ZDF die Fernsehrechte für den Frauenfußball zusammen mit dem Oberliga-Paket vom DFB erworben, was jedem Bundesliga-Verein ein wertvolles Zubrot von 20 000 DM bringt. Doch mehr als vier Stunden Frauenfußball pro Jahr – fast ausschließlich Länderspiele – werden dem TV-Zuschauer nicht geboten.[89]

Frühestens in der Saison 1997/98 ist mit der Einrichtung einer eingleisigen Bundesliga zur Lösung des Problems zu rechnen. Auf dem DFB-Bundestag soll im Oktober 1995 die Bildung einer Zwölfer-Liga beschlossen werden[90], ähnlich der englischen Premier League oder der italienischen nationalen Liga »Serie A«. Doch selbst bei den Spitzenclubs, die von der Eingleisigkeit sowohl sportlich als auch finanziell profitieren würden, wird zur

---

89 Vgl. Wurm, O.: Viel Geld in Japan oder umsonst für Deutschland? – In: Sportbild, Nr. 20, 17.5.1995, S. 42 f.
90 Vgl. ebd; vgl. auch Dieda, Nr.3 (1994), S. 6 f.

Besonnenheit gemahnt. Jürgen Strödter, Trainer beim Deutschen Meister und Pokalsieger FSV Frankfurt: »*Sportlich wäre das natürlich wünschenswert, doch die Frage ist, ob sich die hohen Kosten durch zusätzliche Sponsoren decken lassen. Das müßte man vorher genau überprüfen.*« Negativ-Beispiel ist die eingleisige französische Liga: Mit den dominierenden Vereinen aus dem Norden können die Südfranzösinnen nicht mithalten, sie verlieren langsam aber sicher den Anschluß.

Problematisch wäre auch der enorm hohe Aufwand für die Spielerinnen, die schon jetzt im Dauerstreß sind. Vier Mal pro Woche Training, sonntags ein Meisterschaftsspiel und im Urlaub Lehrgänge der Nationalmannschaft. »*Wenn ich mal Zeit habe, lege ich mich auf die Couch und lese. Meistens schlafe ich schon nach zwei Seiten ein*«, sagt die Siegenerin Silvia Neid. Dabei gehört die Spielführerin und Nationalspielerin der ersten Stunde noch zu den glücklichen, sprich besserbezahlten Fußballerinnen. Denn allesamt sind sie Amateurinnen, die tagsüber ihren Lebensunterhalt verdienen und ihre Freizeit komplett dem Fußball widmen. »Vertragsamateurinnen« heißen sie im DFB-Deutsch, die Spitzengehälter liegen bei 3 000 Mark.

Frauenfußball heute. Nationalspielerinnen. Von rechts: Patrizia Brocker (TUS Niedenkirchen); Silvia Neid (TSV Siegen); Birgit Prinz (FSV Frankfurt); Christina Francke (TUS Ahrbach).

Schon lockt das Ausland mit hohen Summen: Japanische Fußball-Manager haben den Nationalspielerinnen Heidi Mohr (Ahrbach), Maren Meinert (Rumeln-Kaldenhausen), Doris Fitschen und Silvia Neid (beide Siegen) 10 000 US-Dollar monatlich für einen Wechsel in die japanische Profiliga geboten.[91] Alle lehnten ab: Bei einem Wechsel nach Japan wäre die Olympia-Teilnahme 1996 hinfällig geworden, der DFB will seine Nationalspielerinnen vor Ort haben. »*Und Atlanta, das ist mein großes Ziel, der Traum meines Lebens*«, schwärmt Silvia Neid.

Frauenfußball wird 1996 zum ersten Mal olympisch sein, als Vize-Weltmeister[92] ist Deutschland bereits qualifiziert und wird bei der olympischen Weihe in Atlanta dabei sein. Die 2. Fußball-Weltmeisterschaft der Frauen fand vom 5.-18. Juni 1995 in Schweden statt. Deutschland schlug in der Vorrunde Japan (1:0), Brasilien (5:1) und unterlag gegen Gastgeber Schweden (2:3). Zur Vorbereitung auf die WM im eigenen Lande hatte der schwedische Verband seine Spielerinnen zwei Tage pro Woche für die Nationalmannschaft freistellen lassen, der Verdienstausfall wurde ausgeglichen.

Die deutschen Frauen wurden in Schweden Vize-Weltmeisterinnen, nachdem sie im Viertelfinale zuerst England (3:0) und im darauffolgenden Halbfinale auch China (1:0) geschlagen hatten. Erst im Finale unterlagen sie dem starken norwegischen Team mit 0:2.[93] Für den deutschen Frauenfußball war das in diesem Jahr schon der zweite ganz große Erfolg: Im Frühjahr gewann das Team von Trainergespann Tina Theune-Meyer und Gero Bisanz die Europameisterschaft. In Kaiserslautern besiegten die deutschen Frauen die schwedische Auswahl mit 3:2. »*Ein hervorragendes Fußballspiel*«, lobte nicht nur DFB-Abteilungsleiter Horst Schmidt. Mit ihrem dritten Europameisterschafts-Titelgewinn haben die Frauen übrigens die Herren-Nationalmannschaft, die zweimal Europameister waren, überholt.

Schon zur ersten Frauenfußball-Weltmeisterschaft in China 1991 war die deutsche Nationalmannschaft als amtierender Euro-

---

91 Vgl. Kittmann, M.: Japanisches Geld oder olympische Liebe. – In: Frankfurter Rundschau, 8.11.1994.
92 Bei der 2. Frauenfußball-Weltmeisterschaft in Schweden im Juni 1995 unterlag Deutschland den Norwegerinnen im Finale mit 0:2.
93 Die Plazierungen: 1. Norwegen, 2. Deutschland, 3. USA, 4. China. Im Spiel um Platz 3 schlug die USA die Chinesinnen mit 2:0.

pameister angereist, unglücklich verlor man damals im Halbfinale gegen den späteren Weltmeister USA (2:1 gegen Norwegen). »*Das schlimmste Spiel meines Lebens*«, stöhnt die zur Zeit verletzte Siegerin Doris Fitschen noch heute, obgleich der vierte Platz hinter Schweden ein sehr respektables Ergebnis war. Entsprechend hoch ist auch die Vize-Weltmeisterschaft von 1995 zu bewerten. Denn Frauenfußball ist längst keine Randsportart mehr, in 85 Nationalverbänden der Weltfußballorganisation FIFA sind mehr als 20 Millionen Spielerinnen weltweit aktiv.[94] »*Damit sind wir die Frauen-Teamsportart Nummer eins*«, so DFB-Trainerin Tina Theune-Meyer. Auch in Deutschland verzeichnet Frauenfußball nach dem Rückgang der späten 80er Jahre wieder einen Aufwärtstrend. Von 1990 an stieg die Zahl der gemeldeten Mannschaften permanent, im Jahre 1994 registrierte der Deutsche Fußballbund 70 000 Frauen in 4 040 Teams. Horst Schmidt: »*Und im Mädchenbereich gibt es in diesem Jahr wieder einen Zuwachs von 15 Prozent*«.

---

94 Vgl. Welcome in Atlanta. – In: Dieda, Nr. 2, 1993, S. 8.

Spielen, Trainieren, Organisieren

Frauen und Fußball

Die Geschichte einer großen Liebe

Anläßlich des frohen Jubiläums hat der Deutsche Fußball-Bund (DFB) jetzt sogar Plakate drucken lassen: »25 Jahre Frauenfußball – super!« steht darauf, und es ziert bereits die DFB-Zentrale in Frankfurt. Abgebildet ist die deutsche Frauenfußball-Nationalmannschaft, der frischgebackene Europameister und Vize-Weltmeister, und dazu die Duisburgerin Martina Voss in Aktion. »Aufkleber haben wir ebenfalls anfertigen lassen«, sagt Horst Schmidt vom DFB.
Als Martina Voss ein kleines Mädchen war, gab es solche Werbeaktionen noch nicht. Im Hause Voss waren die Fronten klar abgesteckt: Der Papa und der Bruder spielen Fußball, Klein-Martina muß zusehen. »Alles darfst du machen, nur das nicht«, verbot die Mutter. Basta. Vier Wochen sprach Martina Voss zu Hause kein Wort. Und Fußball spielte sie trotzdem, auf dem Schulhof mit den Jungs. Ätsch.
Heute ist Martina Voss, 27, selber Mutter, fußballspielende Mutter sogar. Ihr Töchterchen Dina ist eineinhalb Jahre alt, und wenn Mama für Deutschland kickt, darf die Kleine auch schon fernsehen. Das heißt, falls das Fernsehen überhaupt überträgt. »Wir würden unsere Sportart ganz einfach durchsetzen, wenn wir unsere Leistung besser präsentieren könnten«, sagt Martina Voss, »aber die Medien sind ja nie da. Höchstens mal das regionale Fernsehen, und das auch selten.«
Offensichtlich scheint sich seit der Zeit, als sich Martina Voss im Alter von 15 Jahren gegen die Eltern durchsetzte und beim SV Schwafheim zum Fußballspielen anmeldete, in den Köpfen der meisten nicht viel verändert zu haben. Vielleicht nur das eine: Früher wurde Frauenfußball abgelehnt, heute nimmt man davon nicht einmal mehr Notiz. Maren Meinert, Teamkollegin beim Bundesligisten FC Rumeln-Kaldenhausen: »Wir könnten zum fünften Mal Europameister werden und würden in den Schlagzeilen doch hinter Bowling stehen.«[1]

1 Sport-Bild, 17.5.1995, S. 43.

Maren Meinert und Martina Voss (links) vom Bundesligisten FC Rumeln – Kaldenhausen.

Und trotzdem steht die 21jährige Sportstudentin fast jeden Tag auf dem Platz und im Winter sogar in der Halle. »Ich habe jedes Hallenturnier mitgenommen. Endlich ein paar Zuschauer mehr, da war bei uns im Team jede sauer, die nicht spielen durfte.« Samstags um neun ins Bett und um sieben Uhr aufstehen, nur um ein paar Betonköpfe vom Frauenfußball zu überzeugen? »Wir Doofen gehen immer raus, man muß jede Gelegenheit nutzen«, lacht sie.

Es ist nicht der Überschwang der Jugend, der die Nationalstürmerin so euphorisch macht. Auch Martina Voss, die bei allen drei Europameister-Titeln (1989, 1991 und 1995) dabei war, macht aus der Doppelbelastung Familie und Beruf einen Dreifachstreß. Allein 70 Tage verbrachte sie zwischen Januar und Juni bei Lehrgängen mit der Nationalmannschaft. »Es steckt nur Engagement dahinter, nichts anderes, nur ein unglaublicher Spaß am Fußballspielen. Das ist der Unterschied zu den Männern und das macht alles aus.«

Man muß den Fußballerinnen schon tief in die Augen gesehen haben, um wirklich an das Spaß-Argument zu glauben. »Für mich ist Fußball faszinierend, ein technisch und taktisch schöner

Spielzug ist das Größte«, sagt Silvia Neid, die seit 13 Jahren in der Nationalmannschaft spielt. Es hört sich an, als hätte sie gestern diesen Sport für sich entdeckt.

Silvia Neid immerhin hat den Ruhm einer Nationalspielerin, als Spielführerin und Vorzeige-Fußballerin Deutschlands ist sie halbwegs prominent geworden. Auch Martina Voss und Maren Meinert gehören zu denen, die als Spitzenspielerinnen von ihren Vereinen entlohnt werden. Nominell sind sie »Vertragsamateure«, ganz wie ihre männlichen Kollegen – nur schlechter bezahlt. Auch Lehrgänge und Einsätze in der Nationalmannschaft lohnen sich in finanzieller Hinsicht für Fußballerinnen kaum. »Für den Europameister-Titel 1989 haben wir ein Kaffeeservice bekommen«, berichtet Liberospielerin Doris Fitschen, »und beim zweiten Mal 1991 Münzen im Wert von 2 500 Mark.«

Der DFB schüttet nur für Profi-Spieler hohe Geldprämien aus. Amateure- und Amateurinnen erhalten als Anerkennung für einen Titel lediglich Sachgeschenke. Zurückerstattet werden aber der »Stiftung Deutsche Sporthilfe« die Prämien, die die Organisation den Fußballerinnen für internationale Erfolge bezahlt. Auf diese Weise wurde jede Spielerin, die an dem Gewinn des EM-Titels 1995 beteiligt war, mit immerhin 6 000 Mark belohnt. Gemessen an dem enorm hohen Zeit- und Energieaufwand nur eine kleine materielle Entschädigung – aber den Fußballerinnen geht es nicht in erster Linie um's Geld. Sie haben – glaubt man ihren Aussagen – einfach Spaß am Fußball, freuen sich als Nationalspielerinnen über Fernreisen wie zur ersten Weltmeisterschaft 1991 nach China oder im kommenden Jahr nach Atlanta, wo Frauenfußball erstmals olympisch sein wird. Auch ohne dadurch reich zu werden, finden Fußballerinnen genügend Gründe, ihren Sport über alles zu lieben.

Monika Staab, die Trainerin des Bundesligisten SG Praunheim erzählt eine weitere Geschichte der intensiven Liebe zum Fußball: »Wir haben eine Spielerin, die fährt 130 Kilometer zum Training und 130 Kilometer wieder zurück. Die steht morgens um 6 Uhr auf, geht dann ins Büro und hat um halb fünf Feierabend. Setzt sich in den Berufsverkehr, fährt hierher, trainiert anderthalb Stunden, duscht, trinkt noch was und ist dann irgendwann um elf, halb zwölf wieder zu Hause.« Diesen 15-Stunden-Tag nimmt sie vier Mal pro Woche auf sich, alles für den Fußball. Ein großer Spaß.

Selbst »alte Häsinnen« wie Monika Koch-Emsermann, 23 Jahre lang Spielerin, Trainerin und Managerin beim FSV Frankfurt, ist dem Geheimnis noch nicht auf die Spur gekommen. »Für mich ist Frauenfußball das allergrößte Rätsel. Daß so viele Frauen diesen steinigen Weg gehen ... Es gibt kein Geld, keine Trainer, keinen Platz, akzeptiert ist man auch nicht, und trotzdem schreien alle: Mein Gott, ist Fußball schön!«

Vielleicht ist gerade die Überwindung der Widerstände das Geheimnis. Zumindest in den Anfängen des Frauenfußballs gab es solche, die sich gegen das Vorurteil »Fußball ist Männersport« auflehnten und den neugeschaffenen Freiraum für sich nutzen wollten. Hannelore Ratzeburg, die DFB-Frauenreferentin: »Die ›Spielerinnen der ersten Stunde‹ waren oft schon 20 Jahre und älter, als sie anfingen, Fußball zu spielen. Viele wechselten vom Handball zum Fußball, viele hatten überhaupt keinen Sport getrieben.«[2]

Fußball ist heute längst nicht mehr ein Mittel zur Emanzipation, auch wenn manche Spielerin oder Trainerin gerne »Libera« statt »Libero« sagt. Umgekehrt passen sich die Spielerinnen auch nicht mehr an die Erwartungen der Männer an, was in den Siebzigern schon zu gemischtgeschlechtlichen Saufgelagen geführt haben soll. Vorbei sind auch die Zeiten, in denen man einer Spielerin erklären mußte, »daß sie in der Halbzeit keine Salatgurke essen sollte, weil sie sonst nicht weiterspielen kann« (Koch-Emsermann), und daß in den Spielerinnenbesprechungen Rauchen verboten ist.

Frauen haben Fußball zu ihrer eigenen Sache gemacht, und am liebsten würden sie die ganze Welt daran Anteil haben lassen. Ob National- oder Hobbyspielerin, keine der 70 000 Fußballerinnen in Deutschland möchte nur eine Kopie der Männer sein. »Wir wollen nicht so spielen wie die Männer, aggressive Sprünge in die Beine der Gegner machen, auf dem Platz rummeckern und dicke, muskulöse Oberschenkel haben«, spricht Silvia Neid vielen aus dem Herzen, »wir wollen technisch sauberen, offensiven Fußball spielen – Frauenfußball eben.«[3]

Frauenfußball ist anders, weil Frauen anders sind. Es hat ein paar Jahre gedauert, bis diese Erkenntnis gereift ist, und es wird

---

2 Ratzeburg, H.: Fußball ist Frauensport. – In: Schenk, 1986, S. 89.
3 Blond ist in Japan gut zu verkaufen. – In: Der Spiegel, Nr. 45/1994, S. 193.

vermutlich noch länger dauern, um sie einer breiteren Öffentlichkeit verständlich zu machen. Die Erfolge der Nationalmannschaft, die bei der gerade zurückliegenden Weltmeisterschaft in Schweden erst im Finale an den übermächtigen Norwegerinnen gescheitert ist (0:2)[4], sowie eine immer größer werdende Anzahl von Fußballerinnen hat den Frauen Selbstbewußtsein gegeben. DFB-Trainerin Tina Theune-Meyer: »Wir wissen ja, daß wir viele sind. Mit über 20 Millionen Fußballerinnen weltweit sind wir der Frauen-Teamsport Nummer eins!«

Beim DFB beginnt man immerhin schon umzudenken. Während sich der damalige DFB-Chef Hermann Neuberger beim Europameister-Titelgewinn 1989 die Fußballdamen noch »ein bißchen gazellenhafter, weiblicher halt« gewünscht hätte, freute sich der jetzige Boß Egidius Braun nicht nur über den EM-Titel 1995, sondern vor allem über die hervorragende Leistung der deutschen Frauen. Ganz enthusiastisch soll er gewesen sein, und er wolle die Fußballerinnen und deren Wünsche unterstützen. Sprach's und erklärte dem Fernsehreporter ins Mikrofon, daß seiner Meinung nach Frauenfußball bis in alle Ewigkeit Amateursport bleiben sollte. Das meint Monika Koch-Emsermann wohl damit, wenn sie sagt: »25 Jahre Frauenfußball im DFB sind 25 Jahre Widerstand.«

---

4 Die 2. Fußball-WM der Frauen fand vom 5.-18. Juni 1995 in Schweden statt, vgl. Kapitel »Frauenfußball heute« in diesem Buch.

Silvia Neid

»Mir fehlen die entscheidenden fünf Gramm«

»Wollen Sie nicht für unser Magazin posieren?«, fragte der Herr am anderen Ende der Leitung. »Und wie sollen die Fotos sein? Was soll denn fotografiert werden?« wollte die Fußballspielerin Silvia Neid wissen. »Nacktfotos natürlich«, antwortete er. An blöde und auch saublöde Fragen hat Silvia Neid sich gewöhnt, jahrelang hat sie sich die Männersprüche auf dem Fußballplatz anhören müssen und bestimmt schon zweitausendmal unwissenden Reportern den Unterschied zwischen Frauen- und Männerfußball erläutert. Aber dieses Mal wurde es selbst ihr zu bunt. »Sagen Sie mal«, fragte sie den Herrn vom Playboy, »haben Sie das auch schon den Matthäus gefragt?« Damit war das Gespräch beendet.

Diese Episode ist ein paar Jahre her, aber auch heute noch kann sich Silvia Neid darüber aufregen: »Das fand ich direkt diskriminierend für den Frauenfußball. Die haben sich doch gedacht, da spielt eine Fußball, die macht bestimmt alles mit.« Diese eindeutige Offerte hätte der Siegenerin immerhin eine fünfstellige Summe eingebracht, so aber ging sie leer aus. An keinem der drei gewonnenen Europameisterschafts-Titel (1989, 1991, 1995) konnte die Rekordnationalspielerin wirklich verdienen: Weder schüttet der DFB an sein Frauenteam Prämien aus, noch hat ein Manager angerufen, um Silvia Neid zu vermarkten. »Viele haben einfach noch nicht verstanden, daß Fußballerinnen nicht mehr so aussehen wie vor 20 Jahren«, fühlt sie sich von alten Klischeevorstellungen verfolgt, »wir sind nicht mehr dick und rund.«

Arm ist Silvia Neid wohl trotzdem nicht, denn sie gehört in der Damen-Bundesliga zu den Spitzenspielerinnen. Bis zu 3 000 Mark kann eine Nationalspielerin bei einem Bundesliga-Verein verdienen – wenig im Vergleich zu den Männern, viel in der Sportart Frauenfußball.

Silvia Neid arbeitete bis vor kurzem noch bei ihrem einstigen Trainer Gerd Neuser als Lieferantin im Blumengroßhandel 30 Stunden pro Woche. Mit einem Siebeneinhalbtonner fuhr sie Blumenhandlungen an, um frei Haus zu liefern. Dann und wann hupte auf der Straße ein Auto, um die Rekordnationalspielerin zu grüßen. »Ich bin nicht prominent«, sagt Silvia Neid, »wenn ich aus Siegen rausfahre, erkennt mich keiner mehr.«

Das Maximum an öffentlicher Anerkennung mußte für die sechsfache Deutsche Meisterin und Pokalsiegerin, die dreimalige Europameisterin und Vize-Weltmeisterin, lange darin bestehen, mit ihrem Pendant in der Männer-Nationalmannschaft verglichen zu werden. »Immerhin«, war Silvia Neid anfangs sogar ein bißchen stolz darauf, als die »Lotta Matthäus« zu gelten. Als sich aber das Interesse an ihrer Person ausschließlich auf diesen Vergleich zu reduzieren begann, machte sie unmißverständlich die körperlichen und fußballerischen Unterschiede klar. »Ich bin kein Matthäus, dazu fehlen an meinem Körper die entscheidenden fünf Gramm. Und ich will es auch gar nicht sein«[5], sagte sie dem »Spiegel«. Für Silvia Neid ist klar: Frauenfußball ist nicht Männerfußball – ein Vergleich, der ewig hinken wird. »Nur weil wir keine Pässe über 40 Meter spielen, ist doch unser Sport nicht weniger attraktiv. Im Gegenteil, das ist ganz gut so, weil wir dadurch viel mehr kombinieren und gute Spielzüge zeigen.«

In diesem Punkt wurde ihr recht gegeben. Die geschätzten fünf Gramm des Lothar Matthäus aber führten zu aufgebrachten Anrufen.

Seit 20 Jahren ist Silvia Neid schon dabei und damit, wie selbst dem am Frauenfußball desinteressierten »Kicker« einmal auffiel, »fast schon ein Denkmal«[6]. Seit der Nationaltrainer Gero Bisanz die damals 18jährige Silvia in den Nationalkader berief und im ersten Spiel einer deutschen Frauen-Nationalmannschaft im November 1982 gegen die Schweiz einwechselte, hat sie 13 Jahre lang kaum bei einem Länderspiel gefehlt. »Ich weiß noch, wie Gero Bisanz beim ersten Länderspiel zu mir kam und fragte: ›Macht's dir was aus, mit der Nummer 13 zu spielen?‹« Es machte ihr nichts aus, sie schoß zwei Tore. Noch 45 Tore kamen bis zum heutigen Tage dazu.

---

5 Der Spiegel, Nr. 45/1994.
6 Zit. n. Munzinger-Archiv, Internationales Sportarchiv, Stichwort »Silvia Neid«.

Spielführerin der Nationalmannschaft und Vorzeigefußballerin Silvia Neid (31).

Silvia Neid wurde am 2. Mai 1964 in Walldürn geboren, ihr Fußballtalent hat sie vom Papa geerbt. »Das war ein Guter früher«, zieht sie anerkennend die Augenbrauen hoch, »beidfüßig.« Seine Begabung gab Franz Neid zu gleichen Teilen weiter an seinen Sohn Ricardo (linksfüßig) und seine Tochter Silvia, die nur rechts schießen kann. »Die Silv«, so lästern schon mal die Teamkolleginnen, »hat den linken Fuß nur zum Stehen.«

Silvia Neid konnte noch nicht laufen, da hat sie schon gekickt: »Sonntags nahm mich mein Vater mit zu den Kickern Walldürn, und unter der Woche bin ich mit meinem Bruder und den anderen Jungs zum Kicken auf den Bolzplatz gegangen.« Die Buben rieben sich die Augen, was die kleine Silvia mit dem Ball so alles anstellte. »Jetzt melde ich dich im Fußballverein an«, sagte Vater Neid. So kam das blonde elfjährige Mädchen 1974 zum SV Schlierstadt.

1981 gab's dort Krach, und die Frauen machten ihren eigenen Klub in Seckach auf. Aus Dankbarkeit zu dem dortigen Kinder- und Jugenddorf, das sein Trainingsgelände kostenlos zur Verfügung stellte, nannte sich das Team um Silvia Neid nach der Einrichtung SC Klinge Seckach. So kommt es, daß die – zumindest

in Siegen – prominente Fußballerin heute zwei Heimatvereine hat.
Das heißt, eigentlich hat sie drei. Seit zehn Jahren spielt, lebt und arbeitet Silvia Neid jetzt in Siegen, wo ihr der damalige Meistermacher Gerd Neuser eine Arbeitsstelle im Blumengroßhandel verschaffte und sie so vom Rekordmeister SSG Bergisch Gladbach weglockte. Inzwischen ist Neuser nicht mehr Trainer und Silvia Neid ist arbeitslos – aus wirtschaftlichen Gründen gekündigt. »Am Gerd selbst lag das nicht.« Zu Neuser hat sie nach wie vor ein gutes Verhältnis. Und ein neuer Job ist auch schon in Aussicht. »Es haben sich viele Firmen beim TSV Siegen gemeldet, um mir eine Stelle anzubieten«, freut sie sich. Demnächst wird sie als Bürokraft in einer Gartenbaufirma anfangen.

Wäre es nach Silvia Neid gegangen, hätte sie schon im vergangen Jahr selbst gekündigt – und zwar ihren Vertrag beim fünffachen Deutschen Meister TSV Siegen. Nach dem Rücktritt von Trainer Neuser, der in jahrzehntelanger Arbeit im Siegerland eine Frauenfußball-Hochburg aufgebaut hatte, liebäugelten Silvia Neid und Mannschaftskollegin Doris Fitschen mit dem Frankfurter Bundesligaclub SG Praunheim. Zu einem gemeinsamen Essen mit der Praunheimer Führungscrew ist es noch gekommen, dann machte man beim TSV Siegen deutlich, notfalls bis zum Arbeitsgericht gehen zu wollen, um die vertragsgebundenen Spielerinnen zu halten.[7] Mit Neid und Fitschen kam der Club dann immerhin ins Deutsche Pokalendspiel in Berlin. Das »Begräbnis erster Klasse«, das die Siegener Zeitung dem jahrelangen Spitzenverein nach der Abwanderung einiger Nationalspielerinnen prophezeit hatte, ist zunächst wohl abgewendet.

Mit dem Pokalendspiel in Berlin im Juni 1995 ging für Silvia Neid eine Mammut-Saison zu Ende: Erst fünf Tage zuvor war sie von der Weltmeisterschaft aus Schweden zurückgekommen, im Frühjahr wurde das deutsche Team mit Mittelfeldregisseurin Neid im Kaiserslauterner Stadion zum dritten Mal Europameister. Ob sie nicht jetzt die Nase voll habe vom Fußball, wurde sie von einem Fernsehreporter nach dem Pokalendspiel gefragt. »Nein, es macht doch gerade so viel Spaß, ich könnte jetzt direkt weiterspielen«, erklärte Silvia Neid und setzte ihr strahlendstes Lächeln auf.

---

7 Vgl. ebd.

58 Spielen, Trainieren, Organisieren

Silvia Neid ist schon seit dem 1. Länderspiel 1982 dabei. Ihr Verein ist der TSV Siegen.

Fußball ist ihr Fulltime-Job, der Beruf war immer Nebensache. »Ich habe mein ganzes Leben darauf aufgebaut«, sagt die gelernte Fleischerei-Fachverkäuferin, »wenn ich gerade kein Fußball spiele, mache ich irgendwas, damit ich weiter Fußball spielen kann.« Sie geht joggen, zur Massage, zum Tennis oder Badminton spielen. Sie ernährt sich möglichst gesund, verzichtet wegen der Verletzungsgefahr auf Skiurlaube und fährt an ihrem einzigen spielfreien Wochenende zu Lehrgängen der Nationalmannschaft. »Von uns wird eben eine profihafte Einstellung gefordert«, denkt die Siegenerin leistungsbezogen, »obwohl wir doch alle Amateure sind.«

Eigentlich wollte die 31jährige nach der Weltmeisterschaft in Schweden diesem Streß ein Ende machen. Doch dann wurde klar, daß Frauenfußball in Atlanta 1996 zum ersten Mal olympisch sein wird. »Das ist der Traum meines Lebens, das höchste der Gefühle.« Silvia Neid hängte noch ein Jährchen dran: »Ich stelle mir das toll vor. Mit den Sportlern im Olympiadorf wohnen, alle kennenlernen – da muß ich hin, unbedingt.« Das erste wirklich lukrative Angebot ihrer Karriere aus der japanischen Profiliga der Frauen schlug sie hierfür ab, weil man seitens des DFB angedeutet hatte, daß Flüge zu Lehrgängen und Spielen der Nationalmannschaft nicht getragen werden könnten. Oder nicht getragen werden wollten. »Vielleicht ist es ja auch ganz gut so«, sagt Silvia Neid, »eigentlich sollten die starken Spielerinnen lieber in Deutschland bleiben, damit hier der Stellenwert des Frauenfußballs steigt.«

Geschmeichelt hat ihr die Offerte des japanischen Transportunternehmens aber doch. »Ich war schon angetan, schließlich bin ich nicht mehr die Jüngste.« Nach Atlanta will die 31jährige endgültig ihre internationale Karriere beenden und noch »zwei, drei Jährchen im Verein weitermachen. Aber in erster Linie will ich mich beruflich weiterbilden.« In welche Richtung das gehen soll, mag sie noch nicht verraten. In ihrer Schublade liegen schon jetzt Pläne, wie sie sich nach ihrer Fußballkarriere selbständig machen könnte. »Aber es ist noch nichts spruchreif«, so Neid. Nichts würde näher liegen, als eine Karriere als Nationaltrainerin anzusteuern. Die B-Lizenz hat sie schon, den A-Schein wird sie gleich nach Beendigung ihrer Fußballaufbahn machen. »Klar will ich dann auch eine Mannschaft übernehmen«, sagt Silvia Neid, »aber ich muß erst einmal testen, ob mir das überhaupt liegt.« Dazu kommt, daß die hierfür notwendige Ausbildung zum Fußballehrer sie vor finanzielle Probleme stellen würde: »Das dauert ein halbes Jahr, dazu habe ich wohl kaum das Geld.«

Vielleicht kann der DFB ja seiner jahrzehntelangen Nationalspielerin unter die Arme greifen, immerhin hat sie 101 Länderspiele für ihren Fachverband absolviert. In unzähligen Pressekonferenzen und Fernsehinterviews hat sie den Frauenfußball geduldig vertreten – kaum ein Sportjournalist, der ihr Gesicht nicht kennen würde. Deutschlands Vorzeige-Fußballerin befriedigt schon seit Jahren alle Wünsche der Medien: Sie spielt auf technisch hohem Niveau, schießt viele Tore und sieht dabei noch hübsch aus. Wenn Beckenbauer Teamchef war, wieso sollte Neid nicht Teamchefin werden? »Zuerst wäre ich ja mal Co-Trainerin von Tina Theune-Meyer«, bremst Neid die Euphorie, »und bis ich dann Nationaltrainerin werde, bin ich doch schon 50. Nee, dann mag ich auch nicht mehr.«

Birgit Prinz

Talent und Querkopf

Birgit Prinz ist mit ihren 17 Jahren die jüngste Nationalspielerin Deutschlands. Die jugendliche Stürmerin gilt als eines der ganz großen Talente im Frauenfußball, aber auch als eigensinniger Querkopf. »Es kann passieren, daß sie morgen ›tschüß‹ sagt und etwas ganz anderes macht«, *meint ihr Vereinstrainer Jürgen Strödter vom FSV Frankfurt,* »sie paßt in kein Schema.« *Wenn sie keine Lust hat, telefoniert sie auch nicht mit Journalisten.*

Guten Tag, Frau Prinz. Ich würde Sie gerne in einem Buch portraitieren.
»Sie können mich gerne duzen, ich bin doch erst 17.«
Also, ich würde gerne ein Portrait über dich schreiben.
»Wie kommen Sie denn ausgerechnet auf mich?«
Ja, wer solche Tore schießt wie den Siegtreffer im EM-Halbfinale gegen England, ein Alleingang und dann mit voller Wucht in den Winkel.
»Na gut, dafür habe ich auch vorher drei Mal mit links danebengehauen. Aber stimmt schon, es war ein schönes Tor.«
Sollen wir das Interview jetzt fortsetzen, hast du Zeit?
»Ja, ja, das kommt mir ganz gelegen, ich lerne nämlich gerade für eine Bio-Klausur. Da kommt mir jede Unterbrechung recht.«
Dann lernst du vielleicht doch lieber. Ich rufe dann später ...
»Nee, nee, das geht schon. Normalerweise fange ich erst einen Tag vorher an zu lernen, und Bio lerne ich schon seit gestern. Ich bin ganz stolz auf mich.«
Fehlst du oft in der Schule? Wenn du nicht gerade für den Verein spielst, bist du doch bestimmt auf einem Nationalmannschafts-Lehrgang.
»In Physik war ich so etwa alle zwei Wochen einmal da, aber das macht nichts, das wähle ich sowieso in der zwölften Klasse ab. Und Französisch auch, weil ich dort so gut wie nichts verstehe. Vokabeln lernen, das ist mir zu langweilig.«

Und wie läuft das in den anderen Fächern, wenn du so häufig nicht da bist?
»Ich lasse mir das Material geben. Ich meine, ich habe mich früher nie für die Schule verausgabt, jetzt lerne ich schon ab und zu was nach. Obwohl eigentlich nicht viel Zeit bleibt, ich habe so einen blöden Stundenplan. Jeden Tag komme ich erst um halb vier nach Hause, dann entspanne ich mich ein bißchen, lese irgendwas. Und dann gehe ich ja schon wieder zum Training.«
Bist du gut in der Schule?
»Es geht. In Mathe, Bio und Chemie bin ich am besten. So um die 11 Punkte rum, das reicht mir. Wie gesagt, ich habe mich für die Schule nie abgerackert, auch wenn es im Moment gerade ein bißchen eng ist. Wir schreiben drei Klausuren diese Woche, alle jammern schon furchtbar rum. Ich finde aber, man darf sich davon nicht so unter Druck setzen lassen.«
Wie gehst du denn mit dem Druck im Sport um?

Die 17jährige Birgit Prinz, FSV Frankfurt, gilt als das größte Talent im deutschen Frauenfußball. Mit ihrem Club wurde sie Deutscher Meister 1995, mit der Nationalmannschaft Europameister 1995 und Vize-Weltmeister 1995.

»Ich bin schon sehr ehrgeizig auf dem Spielfeld, aber ich mache mir jetzt nicht unbedingt einen Plan, was ich alles erreichen muß. Klar wäre es perfekt gewesen, in einem Jahr Deutscher Meister, Pokalsieger und dann auch noch Weltmeister zu werden. Aber ich bin schon froh, daß ich als 17Jährige überhaupt mitfahren durfte zur WM.«

Das war doch eine klare Sache, nach deinen Leistungen bei der Europameisterschaft.

»Ich finde, die anderen sind so lange dabei, die haben es auch verdient, mitgenommen zu werden. Wirklich, ich bin sehr zufrieden, überhaupt dabei gewesen zu sein.«

Was haben denn deine Klassenkameraden gesagt?

»Mittlerweile haben sie es alle mitgekriegt, daß ich in der Nationalmannschaft spiele. Schon nach dem EM-Finale bin ich von allen Seiten angesprochen worden. Und dann haben sie natürlich auch ein bißchen gelästert, das ist normal.«

Gelästert, worüber?

»Naja, nach dem Endspiel habe ich doch mein erstes Fernsehinterview gegeben, das war auch ein ganz komisches Gefühl. Aber wir freuen uns ja, wenn das Fernsehen überhaupt mal kommt.«

Berichtet der Hessische Rundfunk nie über den FSV Frankfurt?

»Doch, ab und zu. Aber die berichten, wenn's hochkommt, zehn Sekunden über unser Spiel – das ist echt traurig. Das Regionalfernsehen hier, finde ich, kümmert sich nicht genug um die Sportereignisse im Umkreis, dabei gibt es gerade bei uns im Frauenfußball immer sehr positive Reaktionen auf Berichte. Zum Beispiel wird mein Vater von Leuten, die er geschäftlich kennt, immer darauf angesprochen, nur aufgrund der Fernsehberichte.«

Würdest du lieber professionell Fußball spielen, wenn es dann auch mehr Medieninteresse gäbe?

»Als Profi Fußball spielen, hm, das ist so schwer vorstellbar. Vielleicht wäre das ganz gut, dann kämen auch mehr Zuschauer. So ist das immer ein bißchen frustrierend in dem großen leeren Stadion. Vielleicht wäre es aber auch langweilig, ausschließlich Fußball zu spielen, ich weiß nicht.«

Auf jeden Fall würdest du dafür gut bezahlt werden ...

»Ja, okay. Aber wenn ich mir anschaue, was für ein Theater bei den Männern gemacht wird, ewig werden die Spieler vor die Ka-

mera gezerrt, das fände ich nicht so toll. Ich gehe ganz gerne durch Frankfurt, ohne erkannt zu werden, das gefällt mir so besser.«
Was willst du denn beruflich einmal machen?
»Das weiß ich absolut noch nicht, keine Ahnung. Ich habe ja noch ein Jahr bis zum Abitur.«
Kannst du dir auch vorstellen, einmal mit dem Fußball aufzuhören? Dein Trainer meint, das könnte von heute auf morgen passieren.
»Wenn es keinen Spaß mehr macht, dann ja. Aber eine gewisse Abhängigkeit vom Fußball ist schon da. Wenn im Sommer kein Spiel ist, dann fehlt mir was. Das hat auch mit der Gewohnheit zu tun, ich mache das ja schon ein paar Jahre.«
Wann hast du denn eigentlich angefangen?
»Als Kind bin ich Trampolin gesprungen und habe Leichtathletik gemacht und so mit den Jungs in der Pause auf dem Schulhof rumgekickt. Und dann bin ich hier im Dorf, beim SV Dörnigheim, in den Fußballverein eingetreten und habe die ersten beiden Jahre bei den Jungen gespielt.«
Es heißt, daß du schon damals bei den Jungs unter den Besten warst. Waren die Jungs nicht sauer, wenn du sie umspielt hast?
»Nein, die hatten keine Probleme damit. Und die Gegner haben das gar nicht mitgekriegt, daß sie gegen ein Mädchen spielten, ich hatte ganz kurze Haare.«
Dein Vater ist doch Fußballtrainer, hat er dich eigentlich im Verein angemeldet?
»Nee, da bin ich ganz alleine hingegangen.«
Und was hat deine Mutter dazu gesagt?
»Die fand das gut. Ich konnte jede Sportart ausprobieren, auf die ich Lust hatte. Aber für Fußball interessiert sie sich nicht.«
Nach deinem Wechsel zum FSV Frankfurt hast du ja eine Blitzkarriere hingelegt. Mit 15 schon in der Bundesliga und mit 16 in der Nationalmannschaft. Mein lieber Mann ...
»Ja, ich habe in letzter Zeit auch viel Lob gekriegt. Aber wenn ich nicht mehr treffe, ist das sofort wieder vorbei, das ist mir völlig klar. Stürmer werden doch sowieso nur an ihren Toren gemessen. Man kann absolut schlecht sein und das komplette Spiel nicht hinkriegen, Hauptsache, man trifft. Das ist doch einfach Quatsch! Unser Trainer macht das nicht, das finde ich gut.«
Ist das nicht komisch, von der Mädchenmannschaft quasi direkt in die Nationalmannschaft zu wechseln?

»Anfangs hatte ich schon ein bißchen Respekt vor den Spielerinnen, ich kannte die ja alle nicht, oder nur aus der Zeitung oder aus dem Fernsehen. In der U-16[8] war das schon anders gewesen, teilweise auch einfacher: alle waren in meinem Alter, wir hatten die gleichen Gesprächsthemen, denselben Level.«

Bei der Weltmeisterschaft in Schweden bist du in jedem Spiel zum Einsatz gekommen, und hast auch ein Tor geschossen – das wievielte war es denn?

»Keine Ahnung, die zähle ich nicht.«

Glaube ich nicht.

»Doch, das stimmt. *(Pause)* Ich glaube, es waren so acht.

Also acht. Und wieviele Länderspiele hast du bisher gemacht?

»Zwanzig. Das weiß ich jetzt aber genau, das ist so eine schöne runde Zahl.«

Ihr habt das WM-Endspiel gegen Norwegen mit 0:2 verloren. War die Enttäuschung groß?

»Direkt danach natürlich. Am Abend hatten sich die meisten wieder erholt. Ich aber nicht, ich war den ganzen Abend schlecht drauf.«

Hör mal, als Vize-Weltmeisterin solltest du aber glücklich sein. Außerdem hast du doch insgesamt ein sehr gutes Turnier gespielt, die schwedischen Zeitungen sollen ganz begeistert gewesen sein von dir ...

»Weiß nicht, die konnte ich ja nicht verstehen. Jedenfalls hat mir das gestunken, ausgerechnet im Finale war ich so schlecht und bin auch früh ausgewechselt worden.«

Mitte Juli geht schon wieder die Saisonvorbereitung im Verein los ...

»Für mich wohl nicht. Ich habe mir das Knie derartig angeschlagen, daß ich ein paar Wochen aussetzen muß.«

Sicherlich nicht beim Fußballspielen. Sportler verletzen sich doch meistens beim Treppensteigen oder knicken auf dem Bordstein um.

(lacht) »Stimmt, es war beim Paddeln. Ich bin durchs Wasser gelaufen und auf einen Stein geknallt – eine richtig tiefe Wunde, ich kann zur Zeit überhaupt nicht trainieren, das nervt mich ziemlich an.«

---

8 Mannschaftsmitglieder unter 16 Jahre.

Aber jetzt ist doch sowieso fußballose Zeit. Trainierst du da etwa auch?
»Ein bißchen Bewegung muß sein.«
Was machst du denn so mit deiner freien Zeit?
»Ich bin viel mit meiner Schäferhündin Billie unterwegs. Lesen macht mir Spaß – aber nichts Anspruchsvolles, nur Krimis und so. Oder ich treffe mich mit Freunden. Also einen Freund habe ich nicht.
Danach hätte ich dich jetzt gar nicht gefragt ...
»Die anderen Journalisten wollten das aber immer wissen.«
Noch eine letzte Frage zum Frauenfußball. Gibt es unter den Jugendlichen in deinem Alter eigentlich noch die alten Vorurteile wie zum Beispiel ›Frauen können nicht kicken‹?
»Teilweise schon noch, aber problematischer ist das eigentlich im Verein. Der FSV Frankfurt ist ein Großverein mit einer hochklassigen Herren-Fußballmannschaft, so richtig beachtet werden wir dort nicht. In dieser Saison war ja bei den Männern nur Chaos – das war für uns gar nicht so schlecht, alle haben plötzlich auf uns geschaut. Aber am Anfang der Runde war es ganz kraß, vor einem Jahr durften wir noch nicht einmal auf dem Rasenplatz trainieren. Vielleicht ist es für ein Frauenteam wirklich besser, einem kleinen Verein anzugehören, da kriegt man mehr Aufmerksamkeit.«
Birgit, vielen Dank für das Gespräch. Könnte ich kurz noch deinen Vater sprechen?
»Moment, bitte.«
(Pause)
»Prinz. Guten Tag.«
Guten Tag, Herr Prinz. Dürfte ich Ihnen zwei, drei Fragen zu Ihrer Tochter Birgit stellen?
»Nur zu.«
Wenn es um Frauenfußball geht, ist ihre Tochter zur Zeit in aller Munde. Sind Sie als Vater auch ein bißchen stolz darauf?
»Stolz, das will ich nicht sagen. Das klingt so nach Vaterland und so. Nein, ich find's schön, daß sie so viel erreicht hat, aber das ist doch ihre Sache. Und sie ist auch so vernünftig, den Erfolg nicht überzubewerten. Sport ist so schnellebig, in drei, vier Wochen kann alles wieder ganz anders aussehen – darauf muß ich sie als Vater vorbereiten. Aber sie weiß es auch selber.«
Sie trainieren zur Zeit die zweite Mannschaft des FSV Frankfurt. Würden Sie gerne einmal Ihre Tochter trainieren?

»Das habe ich schon gemacht, erst beim FC Hochstadt und dann bei den Schülerinnen des FSV. Das war eigentlich eine sehr schöne Zeit, allerdings haben wir uns auch ab und zu gestritten. Wissen Sie, meine Tochter und ich, wir sind nämlich beide ganz genau gleich: Im Leben sind wir ganz ruhige Menschen, aber beim Sport regen wir uns total auf. Manchmal gab es sogar solche Szenen, daß ich an der Linie stand und rumgeschrien habe – und sie hat natürlich zurückgeschrien ...«

Ging der Streit dann zu Hause weiter?

»Nein, nein, danach tut es uns beiden immer furchtbar leid. Das ist auch heute noch so: Wenn ich bei einem Bundesliga-Spiel zuschaue, bin ich furchtbar laut auf der Tribüne, komisch, denn eigentlich bin ich ein eher zurückhaltender Mensch. Und nach dem Spiel sehe ich es dann auch immer ein, wie schlimm ich mich benommen habe. Und bei Birgit ist es haargenau dasselbe, nach einer Auseinandersetzung mit dem Trainer ärgert sie sich furchtbar über sich selbst, daß zu Hause schon mal Tränen fließen.«

Was sagt Ihre Frau denn zu solchen Szenen?

»Die hat mit Fußball nichts am Hut, aber sie ist tolerant und läßt uns beide unserer Wege gehen. Sie selbst ist Marathonläuferin, das ist ihr Hobby. Und unsere andere Tochter Astrid macht gerade ein Soziales Jahr – wir sind eigentlich alle ziemlich aktiv. Das gefällt mir auch so an meiner Familie, daß wir nicht so aufeinanderhocken.«

Haben Sie noch Einfluß auf Ihre Tochter Birgit?

»Wir reden eben über alles, so haben wir das immer gehalten. Gerade gestern hatten wir eine lange Diskussion über Fußball, und wir sind uns auch einig geworden: Birgit ist so ehrgeizig, daß sie sich oft selbst im Wege steht. Sie muß irgendwie lernen, ihren Ehrgeiz zu bezähmen.«

Immerhin ist sie damit in diesem Jahr mit dem FSV Frankfurt Deutsche Meisterin und Pokalsiegerin geworden. Wie kamen Sie beide eigentlich zum FSV?

»Wir haben uns hier richtig beworben, so ganz offiziell. Ich habe einen Brief an die frühere Trainerin und Abteilungsleiterin Monika Koch-Emsermann geschrieben, daß meine Tochter gut Fußball spielen könne und ich als Jugendtrainer tätig sei und daß wir beide gerne zum FSV kämen. Das war ganz lustig damals.«

Und dann hat man Sie dort »eingestellt«.

»Genau. Ich habe die Schülerinnen trainiert, und Birgit hat dort gespielt. Das war eine schöne Zeit, wir hatten ein superstarkes Team, mit Sandra Smisek undsoweiter. Im Punktspielbetrieb wollten die Teams gar nicht mehr gegen uns antreten, suchten immer alle möglichen Ausreden, weil wir immer hoch gewonnen haben.«

Erinnern Sie sich noch an den höchsten Sieg?
»34:0.«
Vielen Dank für das Gespräch, Herr Prinz.
»Nichts zu danken, tschüß.«

Lesben im Sport

Das Munkeln in der Schweigezone

Der Trainer einer Schweizer Männermannschaft wollte das sehr verehrte Fernsehpublikum »mal ein bißchen aufklären« über den Unterschied zwischen Damen- und Herrenfußball. Für ihn ist das ganz einfach »wie lesbisch und nicht lesbisch«[9].

Männer wie Nick Dürst durften im vergangenen Jahr ihren vorurteilsgeschwängerten Vorstellungen vom Frauenfußball freien Lauf lassen, irgendwo stand garantiert immer eine Kamera oder wurde ein Reportermikrofon gezückt. Die Auflösung des Frauenfußball-Teams vom FC Wettswill-Bonstetten wegen des dort praktizierten »Auslebens von ›abnormen Veranlagungen‹ (lesbisch)«[10] hatte bei den Eidgenossen 1994 eine landesweite Mediendebatte über den Frauenfußball ausgelöst. Fließend ging die Berichterstattung in den Zeitungen anschließend über in eine detaillierte Erörterung von gleichgeschlechtlicher Liebe. Und nicht jeder Artikel bewegte sich auf dem allerhöchsten Niveau.

»Sex-Skandal im Fußballklub«[11] titelte das Boulevardblatt »Blick« und klärte schonungslos darüber auf, ob oder ob nicht unter der Dusche geküßt wird, und inwieweit sich eine Jugendspielerin noch in die Kabine wagen kann. Nachdem der ›Fall Wettswill‹ in allen Details aufgerollt worden war, wurden die Meinungen der geschätzten Leser dazu veröffentlicht. »Ich würde dem schweizerischen Fußball-Verband vorschlagen, in den unteren Ligen auch Eunuchen-Teams einzuführen«[12], schrieb Jean-Robert W. aus Neuenburg. Seine Worte wurden natürlich als

---

9 Beglinger, M.: Die Belästigungen des Vorstandes waren grenzenlos. – In: Weltwoche, 14.4.1994.
10 So lautete u.a. die offizielle Begründung des Vorstands. Zit. n. Thurner, Felix: Ausgesperrte Fußballerinnen fühlen sich diskriminiert. – In: Tagesanzeiger, 2.4.1994.
11 Marti, W.: Sex-Skandal im Fußballklub. – In: Blick, 2.4.1994.
12 Leserbriefe: Wann kämpfen Eunuchen ums runde Leder? – In: Blick, 8.4.1994, S. 27.

Überschrift groß gedruckt. Ein paar Tage danach machte sich »Blick« dann zum Anwalt unterdrückter Lesbierinnen, indem in monstergroßen Buchstaben die Schlagzeile gedichtet wurde: »Lesben sind ansteckend!«[13] Kleiner stand darunter: »... und 6 weitere Vorurteile.«

Wenn es um das Thema ›Lesben‹ geht, reden Sportmedien und Aktive immer in wundersamer Weise aneinander vorbei. Die einen vermitteln das Bild der permanent nach Sex geifernden Nymphomanin, die anderen schlagen bei der Frage nach Homosexualität im Fußball naiv die Augendeckel hoch und schweigen wie ein Grab. Fairerweise muß angemerkt werden, daß auch ein schwuler Fußballer sich eher die Zunge abbeißen würde, als zu seiner Veranlagung zu stehen.[14] In der Bundesliga gibt es selbstverständlich keinen einzigen, wie auch! »Im harten Fußballgeschäft«, meint der Gladbacher Trainer Bernd Krauss, »würde ein zartbeseiteter Homosexueller nicht zurechtkommen.«[15]

Je größer die Geheimnistuerei, desto wilder aber die Spekulationen. Weil der schwule Hamburger Theaterbesitzer Corny Littmann in einer Talksshow 1991 öffentlich Andeutungen machte, mit einem aktuellen Kölner Fußballprofi in dessen jungen Jahren ein Verhältnis gehabt zu haben[16], wurde André Trulsen eine Zeitlang von den Fans als »Fräulein Trulsen« lächerlich gemacht. Allein die Tatsache, in Hamburg gespielt zu haben, machte den Kölner Mittelfeldspieler »verdächtig«. Die offen zur Schau gestellte Schwulenfeindlichkeit in der Fußballszene, wo sich Schiedsrichter von Fans als »schwule Sau« beschimpfen lassen müssen, gipfelte 1991 in der Affäre um den britischen Nationalspieler Justin Fashanu. In der Boulevardzeitung »Sun« hatte sich der Profi selbst geoutet und alle wissen lassen: »Ich bin homosexuell, und ich bin nicht der einzige. Der britische Fußball ist vom Waschraum bis zur Umkleidekabine vollgestopft mit Homosexuellen.«[17] Fashanu mußte die Nationalmannschaft, den Verein und schließlich auch Großbritannien verlassen, so groß war der Skandal.

13 Kern, E.: Lesben sind ansteckend! – In: Blick, 14.4.1995, S. 6.
14 Vgl. Wo sind die schwulen Profi-Sportler. – In: Magnus, Nr. 11/1993, S. 22.
15 Vox-Fernsehmagazin: Liebe Sünde, 10.2.1994.
16 Diese Aussage machte Littmann beim privaten Fernsehsender »Premiere« in der Sport-Talkshow »Rote Karte« am 28.10.1991.
17 Liebe Sünde, 10.2.1994.

Nichts aber ist älter ist als die Zeitung von gestern. Zwei Jahre danach war diese »Story« wieder vergessen: Für 1,5 Millionen Pfund wurde Justin Fashanu 1993 zum zweifachen Europacup-Sieger Nottingham Forest transferiert.[18] Fashanus Schwulsein ist heute genausowenig ein Medienthema wie die Tatsache, daß die Tennisspielerin Martina Navratilova seit Jahren lesbisch lebt. Im Gegensatz zu Fashanu wurde die Wahl-Amerikanerin aber gegen ihren Willen geoutet – natürlich von einem Zeitungsmann. Navratilova: »Ein Reporter hat mein Vertrauen übel mißbraucht und ging damit an die Öffentlichkeit.«[19] Immerhin konnte sie von da an offen mit ihrer damaligen Freundin Judy und ihrer transsexuellen Trainerin Reneé Richards mit dem Tenniszirkus um die Welt reisen. »Seitdem das bekannt ist, spiele ich lockerer«, stellte Navratilova 1991 fest[20]. Eine Fernseheinblendung der jubelnden Judy dann und wann war alles, was später von dieser Geschichte noch Erwähnung fand.

Daß plötzlich alle Welt über ihren Lebensstil Bescheid wußte, empfand Martina Navratilova damals trotzdem als Einmischung in ihre Intimsphäre. »Es geht doch niemanden etwas an, mit wem ich schlafe. Egal, ob man nun ein Hetero ist, ob man schwul oder lesbisch ist – das ist eine ganz private Sache.«[21] Erst später fing sie an, sich auch öffentlich mit der Schwulen- und Lesbenbewegung zu identifizieren: So nahm sie zum Beispiel im Juli 1993 an einer Benefizgala für die »Gay Games«[22], die Schwulen- und Lesbenolympiade, teil.[23]

Dieses Beispiel hat bei vielen Bewunderung gefunden, aber die Verklemmtheit in der Sportprovinz löst sich nur zögernd. Das zeigt auch der ›Fall Renate Wolf‹: Der Handball-Nationalspielerin wurde nach ihrem Bekenntnis zur Homosexualität wegen angeb-

---

18 Vgl. Magnus, Nr. 11/1993, S. 22.
19 Luik, A.: Die »Sports«-Interviews. Hamburg 1991, S. 168.
20 Feddersen, J.: Schwule und Fußball: Die Zeit der Posen ist vorbei. – In: Magnus Nr. 11/1993, S. 22.
21 Ebd.
22 Die »Gay Games« wurden 1982 in San Francisco zum ersten Mal veranstaltet und waren schon 1990 im kanadischen Vancouver mit 7 250 Athleten und Athletinnen die weltweit zweitgrößte Sportveranstaltung. Sie finden alle vier Jahre statt, zuletzt 1994 in New York und 1998 in Amsterdam. Ursprünglich sollte die Veranstaltung »Gay Olympics« heißen, was das Nationale Olympische Kommitee der USA per Gerichtsprozeß untersagte. Vgl. Magnus Nr. 11/1993, S. 20.
23 Vgl. Magnus, Nr. 11/1993.

licher Annäherungsversuche an eine Mannschaftskollegin der Rücktritt nahegelegt. Als sie sich nicht einsichtig zeigte, gab man ihr wegen »Verfolgung persönlicher Interessen« den Laufpaß.[24] Obwohl mehrere Handballerinnen zu dieser Zeit lesbisch lebten oder zumindest fühlten, wurde sie »über drei bis vier Monate von den anderen ausgegrenzt. Wenn das Team im dritten Stock im Hotel wohnte, wurde ich in den sechsten Stock gelegt, möglichst weit weg von den anderen.«[25] An Renate Wolf wurde damals ein Exempel statuiert, wie es zumindest Handballerinnen heutzutage nicht mehr zu befürchten haben. »Beim Deutschen Handball-Bund hat man dazugelernt«, sah Wolf schon Anfang der 90er Jahre einen Bewußtseinswandel, »es gibt jetzt einige lesbische Nationalspielerinnen, die offen dazu stehen. Die Problematik von damals ist nie mehr aufgetaucht.«[26]

Im Gegensatz zu Filmschauspielern oder Künstlern, in deren Umfeld gleichgeschlechtliche Liebe kaum auflagenstarke Skandale produziert, bewegen sich Sportler aber noch immer in einer konservativ biederen Szene. Zwar steigt die Toleranzschwelle durch das mutige Bekenntnis einzelner Athleten, aber diese Duldung erfolgt nur Sportarten-intern und hat ihrerseits negative Begleiterscheinungen. Als Martina Navratilovas lesbischer Lebensstil durch Presse- und Fernsehveröffentlichungen bekannt wurde, fanden später auch Hana Mandlikova und Jana Novotna den Mut, mehr oder weniger offen zu ihren Gefühlen zu stehen.[27] Zur gleichen Zeit fingen aber auch ängstliche Eltern an, ihre meist jungen Töchter zu Tennisturnieren zu begleiten. Der Vater von Claudia Kohde-Kilsch meinte, seine Tochter nicht mehr aus den Augen lassen zu dürfen, »sonst wird es für Claudia gefährlich«.[28] Die Tennisspielerin Eva Pfaff verstand nicht, »warum jetzt auch die Mutter von Bettina Bunge mitreist, überhaupt alle anfangen, ihre Töchter zu beschützen. Ich habe jedenfalls noch nie gesehen, daß eine Spielerin einen Annäherungsversuch hätte abwehren müssen.«[29]

---

24 Premiere: Rote Karte, 28.10.1991.
25 Ebd.
26 Ebd.
27 Vgl. Witt, C.: Warten auf Monica. – In: Focus, Nr. 25/1995, S. 204 f., vgl. auch Premiere: Rote Karte, 28.10.1991.
28 Ebd.
29 Ebd.

Ruck-zuck kommt eine Sportart »ins Gerede«, und es brechen von Klischees und eigenen Ängsten geprägte Urteile über sie herein. »Viele Eltern schicken ihre jungen Mädchen nicht zum Fußball, weil sie hier vor allem Frauen vermuten, die gleichgeschlechtliche Liebe betreiben«, ist Frauen-Nationaltrainer Gero Bisanz häufig konfrontiert mit den üblichen Vorurteilen über Homosexuelle, denen gerade im körperbetonten Sportbereich gerne ein schon in der Kabine ausbrechender übertriebener Sexualtrieb angedichtet wird. Beobachten konnte solche Szenen noch niemand. Trotzdem erzählte Damentennis-Trainer Klaus Hofsäss dem Nachrichtenmagazin »Focus«, daß ihm einige seiner Spielerinnen erzählt hätten, daß sie gesehen hätten, wie wieder andere etwas gemacht hätten ...[30]

Aus Andeutungen werden Fakten, aus Fakten in den Köpfen der Leser Gefahren konstruiert. Zurück bleiben nebulöse Sex-Phantasien, die mehr über die Ängste und Wünsche der Betrachter erzählen als über die Akteure selber. Die oft gehegte Angst, wonach Homosexualität ansteckend sein könnte oder Fußballspielen lesbisch machen soll, ist Produkt dieser Projektion.

Noch nicht einmal ist klar, ob und wieviele Fußballerinnen lesbisch leben – nicht eine hat sich bisher öffentlich dazu bekannt. Trotzdem bauen sich vor den Eltern fußballspielender Mädchen schon die tollsten Szenarien auf. »Viele Väter sagen mir, sie würden ihre Tochter nie zum Fußball schicken«, berichtet Frauen-Nationaltrainer Gero Bisanz, »ein Thema, auf das ich immer wieder angesprochen werde.«

Es ist eine Besonderheit der Sportwelt, daß Homosexualität sportartenspezifisch unterschiedlich bewertet wird. Eiskunstläufer dürfen eher schwul sein als Fußballer, Fußballerinnen werden eher als Turnerinnen oder Leichtathletinnen für lesbisch gehalten. Offensichtlich wird den Athleten, die sich zu der ›typischen‹ Sportart des biologisch jeweils anderen Geschlechts hingezogen fühlen, grundsätzlich Homosexualität unterstellt. »Das ist doch ganz klar«, sieht die langjährige Fußballtrainerin Monika Koch-Emsermann ein altes Klischee bedient, »Fußballerinnen sind alles Mannweiber und damit auch Lesben.« Wer eine Männersportart ausübt, muskulös aussieht und kraftvoll losspin-

[30] Focus Nr. 25/1995, S. 206.

tet, kann den gängigen Vorstellungen nach keine ›richtige‹ Frau sein. Fußballerin gleich Mannweib gleich Lesbe, lautet der einfache Schluß.

»Würde die Steffi Graf Fußball spielen«, warnt Monika Koch-Emsermann vor vorschnellen Schlüssen, »dann würden garantiert alle sagen: ›Ja, ganz klar, die typische Fußballerin.‹« Aber natürlich bietet Steffi Graf in dem für sie maßgeschneiderten Tennisröckchen einen anderen Anblick als die figürlich nicht minder attraktiven Fußball-Nationalspielerinnen in ihren viel zu großen Trikots. Das gibt es nur in Größe ›L‹ – Doris Fitschen und Co. müssen die abgelegten Männertrikots auftragen, »und die Hose hat Einheitsgröße sieben«.

Schon immer aber war es die Todsünde einer Sportlerin, sich nicht den Rollenvorstellungen gemäß als feminin zu präsentieren, zumal die Sportmedien gerade bei Frauen abweichendes Aussehen von jeher kommentierten. Vom »hochgewachsenen Schneewittchen« wußte »Die Zeit« in den 70er Jahren zu berichten: »Ihre Flanke ist graziös, ihr Herz noch frei.«[31] Inzwischen haben die Sportjournalisten dazugelernt: Anstatt sich selbst zu sexistischen Äußerungen hinreißen zu lassen, werden lieber männliche Sportler zitiert. Transportiert wird natürlich in erster Linie eigenes Gedankengut: »75 Prozent der Tennisspielerinnen sind fette Schweine«[32], soll der holländische Profi Richard Krajicek 1993 einmal gesagt haben, und das ach so seriöse Nachrichtenmagazin »Focus« war sich nicht zu schade, diese handfeste Beleidigung im Juni 1995 im Heft abzudrucken. Einmal im Lauftext und als Wiederholung fettgedruckt in der Bildunterschrift.

Sind die im Sport besonders zementierten Grenzen der Weiblichkeit und auch der Männlichkeit einmal überschritten, ist der Weg zur vielleicht nur angedichteten Homosexualität nicht mehr weit: Im selben Atemzug, wie von pummeligen Spielerinnen die Rede ist, berichtet »Focus« auch von »Enthüllungen über lesbische Zirkel«.[33] Die Zusammenhänge verselbständigen sich spätestens im Kopf der Leser(innen). Und das gilt genauso im Männersport. Nach wochenlangen Debatten über den angeblich

---

31 Rotzoll, C.: Ihr Bomber heißt Fräulein Kathy. – In: Zeit, 25.10.1975. Zit. n. Tschap-Bock, 1983, S. 285.
32 Focus, Nr. 25/1995, S. 205 f.
33 Ebd., S. 202 ff.

verweichlichten Fußball-Profi Andreas Möller würde sich kaum einer über ein Outing des verheirateten Nationalspielers ernsthaft wundern. Verschärfend kommt hier hinzu: Würde morgen eine Zeitung die Lüge verbreiten: »Andreas Möller ist schwul«, müßte der Dortmunder Profi sofort auswandern. Denn allein der von außen lancierte Verdacht auf Homosexualität kann sich im Männer-Fußball fatal auf die Karriere auswirken.

Im wenig professionalisierten und damit kaum personalisierten Frauenfußball ist mit solchen Konsequenzen nicht zu rechnen. »Eine leistungsstarke Nationalspielerin würde doch nicht aus dem Team genommen, nur weil sie lesbisch lebt.« Die homosexuelle Bundesliga-Spielerin Andrea[34] hält die Zeit für reif, sich durch Offenheit dem Niveau von klischeegeschwängerten Medienspekulationen zu entziehen und zu den wirklich interessanten Fragen zu kommen. Noch immer ist nicht zu klären, wie es zu dem relativ hohen Lesbenanteil von geschätzten 20 bis 40 Prozent (DFB-Trainerin Tina Theune-Meyer) im Frauenfußball kommt, und ob dieser Schnitt nicht – wie viele meinen – repräsentativ ist für alle Frauen-Teamsportarten im Leistungsbereich. »Das liegt in anderen Sportarten ähnlich hoch, und zustande kommt das wahrscheinlich durch das Umfeld, in dem man jahrelang lebt und das natürlich auch ein Stück Lebensinhalt ist«, sagt Tina Theune-Meyer, die in ihrer Diplomarbeit u.a. auch diese Frage behandelt hat. Eines der Ergebnisse war: »Je länger diese Sportart betrieben wird, desto häufiger kommt es vor.«[35]

Denkbar ist auch, wie eine lesbische Fußballspielerin erzählt[36], daß vorgelebte Homosexualität in der Pubertät vorhandene lesbische Gefühle eher an die Oberfläche treten läßt. Eine entscheidende Beeinflussung der sexuellen Entwicklung durch Nachahmung der Außenwelt müßte aber auch dann immer zu einer heterosexuellen Lebensweise führen. »Ich habe in meiner Jugend nur heterosexuelle Pärchen und Handlungen gesehen«, sagt Barbara Brosi von der Lesbenorganisation Schweiz, »wenn dies abfärben könnte, wäre ich ja nicht lesbisch geworden.«[37]

---

34 Name von der Verfasserin geändert.
35 Theune-Meyer, T.: Einstellungen, Eigenschaften, sportliches Engagement im Damenfußball. Köln 1980.
36 Vgl. in diesem Buch: »Andrea – eine lesbische Fußballspielerin äußert sich.«
37 Schepper, W. de: Verführen Lesben junge Sportlerinnen? – In: Schweizer Illustrierte, 11.4.1994, S. 23.

Auf wissenschaftlichem Niveau hat sich die Kölner Sportlehrerin Birgit Palzkill in ihrer als Buch veröffentlichten Dissertation »Zwischen Turnschuh und Stöckelschuh«[38] mit Homosexualität im Sport beschäftigt. Anhand der Auswertung von 19 Interviews mit lesbischen Leistungssportlerinnen – meist aus Team-Sportarten – hat sie herausgefunden, daß gerade der Sportbereich bei Frauen für die Ausprägung der lesbischen Existenz eine Rolle spielte: »Dort mußten sie ihre männlichen Züge nicht verstecken und konnten deshalb auch zu ihren weiblichen Seiten stehen.«[39] Die ›normalen‹ gesellschaftlichen Wertmaßstäbe außerhalb des Systems ›Sport‹ aber bewerten Sportlerinnen von Kampf- und Kraft/Ausdauer-Sportarten als ›unfeminin‹ und damit negativ. Rückzug aus dem Sport oder Rückzug in den Sport sind nach Palzkills Ergebnissen zwei Möglichkeiten, auf diesen Rollenkonflikt zwischen Frau-sein und Sportlerin-sein zu reagieren.[40] Erst in der Beziehung zu einer anderen Frau aber fühlten sich die ›Nur-Sportlerinnen‹ auch in ihrer sexuellen Identität akzeptiert.[41]

Birgit Palzkill vermutet eine sehr hohe Lesbenquote im Teamsport. »Wenn alle lesbischen Leistungssportlerinnen offen damit umgehen würden, gäbe es auch keine negativen Konsequenzen für die einzelne Sportlerin mehr. So viele können überhaupt nicht rausgeschmissen werden, dann müssen die Teams zumachen!«[42] Ob Fußball bei der Affinität von Lesben zum Leistungssport oder von Leistungssportlerinnen zum Lesbischsein eine Sonderrolle einnimmt, läßt sich aus ihren Ergebnissen kaum beantworten. Auffällig ist lediglich, daß 18 der 19 befragten Sportlerinnen bis zur Pubertät regelmäßig mit den Jungs auf der Straße oder im Schulhof Fußball gespielt haben. »Und dann hab ich damit aufgehört. Weil das plötzlich peinlich war, wenn ich nachmittags mit den Kerlen Fußball gespielt habe«, so eine der Interviewpartnerinnen.[43]

Aus ihrer persönlichen Erfahrung als Fußballerin schließt Andrea auf eine Sonderrolle des Frauenfußballs. »Ich habe schon

---

38 Palzkill, B.: Zwischen Turnschuh und Stöckelschuh. Die Entwicklung lesbischer Identität im Sport. Bielefeld 1990.
39 Stiefel, S.: Zwischen Turnschuh und Stöckelschuh. – In: Stuttgarter Zeitung 10.8.1991.
40 Vgl. Palzkill, 1989, S. 102.
41 Vgl. ebd., 1989, S. 118 ff.
42 Premiere: Rote Karte, 28.10.1991.
43 Palzkill, 1989, S. 63.

das Gefühl, daß es beim Fußball mehr Lesben gibt als in anderen Sportarten«, sagt die ehemalige Bundesliga-Spielerin, »aber eine genaue Erklärung dafür habe ich nicht. Ich denke mir, es könnte daran liegen, daß Lesben sich vielleicht weniger davon abhalten lassen, Fußball zu spielen, weil sie nicht von männlichen Bewertungsmaßstäben abhängig sind.« Genau diese Eigenständigkeit aber ruft unglaubliche Antireaktionen hervor wie beispielsweise die Auflösung der Frauenmannschaft beim FC Wettswil-Bonstetten im vergangenen Jahr. Was der dortige Trainer Peter Steiger als »eine Geisteshaltung aus dem Mittelalter«[44] empfunden hat, beschreibt der darüber berichtende Journalist Martin Beglinger besser als das Ergebnis einer »Provokation in Eskalationsstufen«[45]. Die lesbische Fußballerin »dringt in ein Männerreservat ein, verweigert sich dem Mann, ist vielleicht gar schön und erfolgreich und beansprucht noch Platz.«[46]

Um diesen Effekt etwas abzudämpfen, rät Monika Staab vom Bundesligisten SG Praunheim betroffenen Spielerinnen, »sich nicht unbedingt gegenseitig abzuknutschen, wenn zehn, zwanzig Männer von unserem Verein dabei sind, die sich halt daran stoßen.« Die Trainerin hat merkwürdige Reaktionen nicht nur vereinsintern, sondern auch bei Journalisten festgestellt, die sich plötzlich statt für die Sache Fußball nur noch ›dafür‹ interessieren: »Die kommen dann und fragen, wie geht das denn, wie läuft das denn ab in einer Frauenbeziehung, sie können sich das überhaupt nicht vorstellen und wollen am liebsten noch dabeisein.«

Schon um gegenüber den Sponsoren ein »sauberes« Bild abzugeben, möchte auch Jürgen Strödter beim Deutschen Meister und Pokalsieger FSV Frankfurt die ganze Angelegenheit lieber unter Verschluß halten. »Wegen eines Sponsors würde ich nicht in der Mannschaft irgendetwas verändern wollen«, sagt der Trainer, »aber wenn ich hier beispielsweise einen stockkonservativen Geschäftsmann habe, der aber bereit ist, als Hauptsponsor aufzutreten, dann muß ich schon auf die Außendarstellung achten.« Strödter möchte nicht in einen Topf geworfen werden mit manchen unterklassigen Teams im Rhein-Main-Gebiet, die seiner Einschätzung nach geradezu »unterwandert sind« von homose-

---

44 Tagesanzeiger, 2.4.1994.
45 Weltwoche, 14.4.1994.
46 Ebd.

xuellen Spielerinnen, was auch auf den ersten Blick ablesbar sei. »Ich hoffe«, so Strödter, »daß es oben in der Spitze so bleibt, daß man zwar darüber munkelt, es aber nichts Handfestes gibt.«

Andrea

Eine lesbische Fußballspielerin äußert sich

Andrea[47], 23, war bis vor einem Jahr aktive Fußballerin in der Bundesliga. Aus Zeitgründen brach die Studentin ihre Fußballkarriere ab. Andrea kommt vom Dorf, mit ihren drei Brüdern spielte sie schon als kleines Kind auf der Straße Fußball. Mit fünf Jahren wurde sie Mitglied im örtlichen Fußballverein, spielte zunächst gemeinsam mit den Jungen und später im Frauenteam ihres Heimatclubs. Mit Beginn ihres Studiums wechselte sie zu einem in der Stadt gelegenen Fußballverein, wo sie sechs Monate in der zweiten Mannschaft spielte und zwei weitere Jahre in der Bundesliga. Andrea ist lesbisch und bekannte sich in ihrem Fußballclub offen dazu.

Andrea, wie hoch schätzen Sie den Lesbenanteil in Frauenfußball-Mannschaften?
»Ich würde sagen, heterosexuelle und lesbische Frauen halten sich da die Waage, fünfzig – fünfzig.«
Ist das nicht je nach Spielklasse unterschiedlich?
»Ich kenne ziemlich viele Spielklassen und war in verschiedenen Vereinen, da gibt es kaum Unterschiede. Allerdings ist das auf dem Land anders als in der Stadt. Ich komme von einem Dorfverein, vom platten Land, da gab's das nicht. Da war Lesbischsein überhaupt kein Thema, nicht mal ein Tabuthema, es war einfach nicht existent. Ich weiß noch, als ich hierher kam, da war ich furchtbar überrascht, als jemand mir erzählte, wieviele lesbische Spielerinnen es hier gibt. Das hat mich wirklich umgehauen.«
Aber kannten Sie denn nicht das gängige Klischee, daß angeblich alle Fußballerinnen lesbisch sind?
»Nein. Das ging für mich früher einfach nicht zusammen, Les-

---

47 Name von der Verfasserin geändert.

ben und Fußball. Bei uns in der weiteren Umgebung gab es einen Verein, der verschrien war, weil es dort fünf Lesben gab. Aber ansonsten wurde dieses Thema nicht behandelt.«

Spricht man nicht offen darüber, oder gibt es auf dem Land tatsächlich nicht so viele lesbische Fußballspielerinnen?

»Auf jeden Fall gibt es in der Stadt mehr, letztendlich. Vielleicht ist es so, daß gerade die Frauen, die bei sich so etwas spüren, in die Stadt abhauen. Ich komme vom Dorf, aber ich hätte es dort nicht mehr ausgehalten, und ich würde auch niemals zurückgehen. Dann muß ja am Ende so ein Bild herauskommen, daß es in Städten mehr lesbische Spielerinnen gibt als auf dem Land.«

Konnten Sie denn in ihrem Bundesliga-Team offen zu Ihrem Lesbischsein stehen?

»Ich hatte in keiner Weise Probleme damit, und ich weiß auch von anderen, daß es unproblematisch war. Der Trainer wußte immer genau, daß es lesbische Frauen im Team gibt. Im Laufe der Zeit konnte er auch mit Sicherheit sagen, wer lesbisch ist und wer nicht. Es wurde zwar nie zum Thema gemacht, er sprach nicht mit den Spielerinnen darüber, aber ich hatte auch nie das Gefühl, mich verstecken zu müssen. So war es bei uns, und ich weiß, daß in anderen Vereinen genauso damit umgegangen wird.«

Gab es keine Vereinsfunktionäre, die sich aufgeregt haben?

»Die Damenteams sind sehr eigenständig, das ist häufig so in Fußballvereinen, da haben Außenstehende kaum Kenntnis darüber. Inwieweit sich damals auf Vereinsebene ausgebreitet hat, daß einige Spielerinnen lesbisch sind, das weiß ich nicht. Ich zweifle daran, daß so etwas große Kreise zieht. Der eine oder andere wollte vielleicht auch nichts sehen ...«

Nach Aussage des Frankfurter Trainers Jürgen Strödter gibt es einige Vereine, die ausschließlich aus Lesben bestehen. Gleiches erzählt auch Hannelore Ratzeburg über Hamburg. Stimmt das?

»Ja, das stimmt. Vielleicht nicht ausschließlich, aber überwiegend aus Lesben. Die spielen dann nicht so hochklassig, da geht es mehr darum, mit den lesbischen Freundinnen zusammen Spaß zu haben, im eigenen Kreis zu sein.«

Beim FC Wettswill-Bonstetten in der Schweiz wurde im vergangenen Jahr eine Frauenmannschaft aufgelöst, weil sieben der 19 Spielerinnen lesbisch lebten. Die offizielle Begründung war: »Gefährdung Minderjähriger«.

»Das ist doch vollkommener Quatsch, sexuelle Anmache gibt es nicht im Team. Das ist die übliche Phantasie, mit der Homosexuelle ewig verfolgt werden und im Sport wegen des Körperkontakts natürlich besonders. Dabei ist in heterosexuellen Kreisen die Gefahr des Mißbrauchs weitaus größer, oder etwa nicht? Ich glaube, gerade die Lesben gehen sehr sensibel mit Spielerinnen um, gerade mit jüngeren, aber das hat mit Sexualität überhaupt nichts zu tun.«

Bei vielen Eltern sind die Ängste ausgeprägt, daß ihre Tochter in einem Fußballteam lesbisch werden könnte. Spüren Sie das Mißtrauen?

»Natürlich. Auch mir persönlich ist es schon passiert, daß die Mutter einer Spielerin mich böse angeschaut hat, weil ihre Tochter mal kurzfristig bei mir gewohnt hat. Nach dem Motto: Wenn Blicke töten könnten. Aber wenn sie dich als Mensch kennenlernen, legen sie diese Ängste sehr schnell ab. Weder werden in einem Frauenteam Spielerinnen angemacht, noch wird ein Mädchen durch den Fußball zur Lesbe. Mir ist allerdings aufgefallen, daß schon 13- und 14jährige Spielerinnen dazu neigen, lesbische Anteile an den Tag zu legen. Und dann frage ich mich: Hätten sie das auch zugelassen, wenn sie sich nicht in einer lesbenfreundlichen Umgebung aufhalten würden? Das fängt so an, daß sie andere Spielerinnen bewundern, und da ist auch ein bißchen Verliebtheit dabei, das mischt sich so.«

Es ist Ihnen klar, daß sie hiermit das Klischee bedienen, daß Fußballspielen doch lesbisch macht?

»Das hat überhaupt nichts mit Fußball zu tun, sondern nur mit Frauenzusammenhängen. Jeder weiß doch, daß es in der Pubertät homosexuelle Phasen gibt, und ich meine halt, daß zum Beispiel Fußballerinnen sich dieser Gefühle eher bewußt werden können – weil sie es dort eher dürfen. Es wird aber doch keine Frau lesbisch leben, wenn sie eigentlich heterosexuell fühlt. Wenn überhaupt, dann wird sich eher eine reifere Frau, die Lesbischsein bisher nur als Tabuthema erfahren hat und dann in einem Team einige Lesben trifft, dazu entschließen. Das ist etwas Neues, Spannendes, Reizvolles, was ihr da vorgelebt wird, und dann probiert sie es auch mal. Ich weiß nicht, wie die Beweggründe im einzelnen sind, aber ich habe schon sehr oft diesen Weg beobachtet.«

Der Anteil von Homosexuellen an der Gesamtbevölkerung

wird auf fünf bis zehn Prozent geschätzt, beim Frauenfußball liegt er viel höher. *Welche Erklärung haben Sie hierfür?*
»Darüber habe ich auch schon oft nachgedacht. Ich denke mir, nicht nur im Fußball, im Leistungssport allgemein, hat man wenig Zeit und damit nur wenige Außenkontakte. So entstehen vielleicht eher Beziehungen untereinander.«
Dann müßte die Quote in anderen Teamsportarten ähnlich hoch sein.
»Ja, das stimmt. Ich glaube, das ist dort auch nicht selten, aber beim Fußball kommt es mir persönlich noch extremer vor.«
Es könnte mit der Entwicklungsgeschichte dieses Sports zu tun haben. Als Frauenfußball vor 25 Jahren offiziell wurde, fingen einige Frauen an zu spielen in dem Bewußtsein, hier einen eigenen Freiraum zu finden und gestalten zu können. So war ja auch der Zeitgeist in den 70er Jahren.
»Das kann schon sein, daß gerade Lesben das für sich genutzt haben. Ich habe auch den Eindruck, daß es früher viel mehr Lesben gab, in der letzten Frauenfußball-Generation sozusagen. Früher hatten Fußballerinnen vielleicht ein anderes Bewußtsein, heute geht ja alles in Richtung Leistungssport, die Motivation ist eine andere. Neulich wurde ich zum Beispiel gefragt, welche Nationalspielerinnen lesbisch sind. Und da habe ich erst gemerkt: es sind überhaupt nicht mehr viele, früher waren es mehr.«
Da wird man beim Deutschen Fußball-Bund aber aufatmen.
»Wahrscheinlich schon. Ich habe die EURO-Games mitorganisiert, die schwul-lesbischen Europameisterschaften, die in diesem Jahr stattgefunden haben. Als es darum ging, das Fußballturnier beim DFB anzumelden, und eine Freundin bei Horst Schmidt[48] anrief, sagte er ihr, wenn eine Nationalspielerin dort mitspielen würde, sei es das letzte Mal gewesen, daß sie das Nationaltrikot getragen habe. Das wurde im nachhinein natürlich alles abgestritten, aber ich glaube eher meiner Freundin.«
Empfinden Sie das nicht als Diskriminierung?
»Ich kann die Argumentation des DFB zwar nicht akzeptieren, aber ich kann sie nachvollziehen. Dort meint man eben: Der Frauenfußball hat eine so schwierige Position, er muß so um Anerkennung kämpfen, da belasten wir uns nicht auch noch mit lesbischen Spielerinnen. Daran kann man sehen, mit welchen

---

48 Horst Schmidt ist der »Abteilungsleiter Spielbetrieb« beim DFB.

Problemen Lesben in diesem Bereich konfrontiert werden. Sie kämpfen als Fußballerinnen um Anerkennung und gleichzeitig als Lesben gegen die Diskriminierung.«
Warum outet sich nicht die eine oder andere selbst, dann hätte das ganze Versteckspiel ein Ende.
»Mein Gott, was hatten wir da schon für Diskussionen! Ich meine das auch. Wieso sagt nicht die eine oder andere etablierte Nationalspielerin: ›Ich bin lesbisch‹, anstatt die Frage nach einem Freund immer wieder mit der Begründung zu verneinen: ›Ich habe keine Zeit‹? Das glaubt sowieso niemand mehr! Sie sollte einfach antworten: ›Ich habe eine Freundin‹, ganz selbstverständlich. Und das müßte auch ohne Kommentar abgedruckt werden. Aber im Fußball haben wir noch keine, die das gewagt hat.«
Die Handballerin Renate Wolf aus Dortmund hat sich vor einigen Jahren selbst geoutet. Daraufhin wurde sie nicht mehr in die Nationalmannschaft berufen.
»Daran glaube ich einfach nicht, daß eine leistungsstarke Spielerin heutzutage deshalb aus der Nationalmannschaft fliegt. Das größere Problem ist doch, daß es eine Frau sein muß, die sich ihrer eigenen Gefühle vollkommen klar ist. Gleichzeitig müßte diese Frau das Selbstbewußtsein haben, ein Medienspektakel zu überstehen. Denn Theater würde es natürlich geben.«
Würde das die Dinge für lesbische Fußballerinnen wirklich einfacher macher?
»Ich habe das Ideal, daß irgendwann einmal Lesbischsein akzeptiert sein wird als Selbstverständlichkeit, und das wäre ein erster Schritt dorthin. Es gab doch ein Interview mit einer Handballerin, die gesagt hat: ›Guten Tag, mein Name ist soundso und ich bin lesbisch.‹ Interessanterweise hat das überhaupt keine Wellen geschlagen. Offensichtlich war das nach dem Outing von Renate Wolf im Handball nichts Neues mehr. Aber beim Fußball ist das ganz schön nervig, ständig wird man von außen darauf gestoßen – durch Zeitungsartikel oder Ängste der Eltern oder sonstwas. Man muß sich damit auseinandersetzen. Ich habe immer einfach Fußball gespielt, ob lesbisch oder nicht, der Sport war die Hauptsache. Aber wieviele Diskussionen hatte ich über dieses Thema schon, das kostet so viel Energie und ist im Prinzip vollkommen überflüssig – denn für mich ist Lesbischsein selbstverständlich und damit eigentlich kein Thema.«

Tina Theune-Meyer

»Irgendwann verkauf' ich vielleicht Fischbrötchen«

In der Sportschule Hennef war man etwas skeptisch: »Zahlen Sie vorerst mal nicht, wer weiß, ob das überhaupt Sinn hat.« Tina Theune-Meyer hatte sich zu einem Trainerlehrgang angemeldet, um als erste Fußballfrau Deutschlands ihre A-Lizenz zu erwerben. »Ja«, erinnert sie sich zurück, »das hat ein bißchen Aufstand gegeben.« Aber geklappt hat es letztendlich doch, im Prinzip war diese Episode der Start einer erfolgreichen Trainerinnen-Karriere.

Heute ist Tina Theune-Meyer 41 Jahre alt und Nationaltrainerin der Frauen, festangestellt und gleichberechtigt mit Gero Bisanz. Der »Gleichstellungsbeauftragte DFB« – unter diesem Titel wird Bisanz offiziell geführt – hat seiner Dienstbezeichnung alle Ehre gemacht: »Er hatte 1986 die Idee, mich als seine Assistentin zur Nationalmannschaft zu holen. Schon damals hat er mich sehr unterstützt«, berichtet Theune-Meyer. Zu seinem Nachteil soll es nicht gewesen sein, in der Fußballszene gilt die 41jährige als absolut fachkompetent und ungeheuer fleißig. »Zeit für einen längeren Urlaub habe ich eigentlich nur an Weihnachten«, sagt sie, »die Hälfte des Jahres bin ich unterwegs.«

Die Liste ihrer Verpflichtungen ist endlos: Sie betreut neben dem Frauenteam auch die U-16- und die U-20-Nationalmannschaft und hat damit im Prinzip den kompletten Mädchen- und Frauenbereich unter sich. »Ich mache die Basisarbeit von der Talentförderung über Sichtungen bis hin zu Lehrgängen und Turnieren.« Tina Theune-Meyer hat sich die Förderung des Frauenfußballs zur Lebensaufgabe gemacht. Die Kraft für diesen Streßjob holt sie sich aus den immer positiver werdenden Stimmen zum Frauen- und Mädchenfußball. »Da sieht man doch, daß bei der jahrelangen Überzeugungsarbeit etwas herausgekommen ist«, freut sie sich über jeden zusätzlichen Frauenfußball-Anhänger, »so wird es für die vielen Mädchen, die gerne Fußball spielen wollen, leichter. Sie müssen nicht mehr so gegen Vorurteile anrennen wie wir damals.«

Sie selbst hatte diese Probleme nicht. Christina Theune-Meyer und ihre vier Schwestern wurden von einer toleranten Mutter großgezogen. Und die Pfarrerstöchter waren nicht zimperlich: In ihrer niederrheinischen Heimat Kevelaer kickten die Mädchen mit den Jungs auf der Straße, alle fünf spielten sie später auch Fußball im Verein. »Meine Mutter durfte früher nicht Radfahren, das war ihr von ihren Eltern verboten worden«, erzählt Tina Theune-Meyer, »und das hat sie zur Begründung genommen, mich Fußball spielen zu lassen.«

Zwar hörte Tina mit 14 wieder auf, spielte Basketball und ging zum Leichtathletiktraining. Aber niemals hat sie die Faszination dieses Spiels losgelassen: »Ich denke, das war vor allem das Akrobatische, was mir daran so gefallen hat«, denkt sie zurück, »einen Fallrückzieher oder einen Kopfball zu spielen, das ist einfach ein tolles Gefühl.«

Trotz dieser Fußballiebe war niemals eine Trainerinnen-Karriere geplant. »Es war«, meint sie, »wie so vieles im Leben ein-

Gero Bisanz und Tina Theune-Meyer (Trainergespann der Frauenfußball-Nationalmannschaft) wurden mit ihrem Team zum dritten Mal Europameister (1989, 1991, 1995) und Vize-Weltmeister 1995.

fach Zufall.« Denn die damalige Studentin der Sporthochschule Köln hatte viele Interessen, studierte nebenbei noch Religion und Textilgestaltung, jobbte beim »Bund für Umweltschutz« und hätte Anfang der 80er Jahre sogar als Lehrerin beamtet werden können. »Ich hatte für zwei Jahre eine halbe Stelle an einer Schule«, berichtet sie, »aber ich habe mich nicht um eine Weiterbeschäftigung bemüht.« Es war ihr zu Ohren gekommen, daß neuerdings auch Frauen zur Fußballtrainer-Ausbildung zugelassen werden sollten: »Und da habe ich mich sofort angemeldet.«

Die Studenten an der Sporthochschule Köln hatten Tina Theune-Meyer wieder auf den Fußballgeschmack gebracht, fünf Jahre lang kickte sie fast täglich auf dem Kunstrasenplatz mit – natürlich nur männlichen – Studenten. »Das war wohl zuviel für mein Knie.« Sie verletzte sie sich 1982 schwer: »Bei einem Zweikampf ist der gesamte Knorpel vom Oberschenkel abgebrochen.« Die damals 29jährige mußte ihre inzwischen begonnene Karriere bei Grün-Weiß Brauweiler beenden. Und wäre die anschließende komplizierte Operation nicht geglückt, wäre sie wohl kaum die erste Frau geworden, die als offizielle »Fußballehrerin« 1987 in die Schlagzeilen kam.

In jenem Jahr absolvierte sie bei ihrem späteren Chef Gero Bisanz die halbjährige Trainerausbildung in Köln – und bis zum heutigen Tage sind ihr nur eine Handvoll Frauen gefolgt. Im Gegensatz zu ihren wenigen Kolleginnen kann DFB-Trainerin Theune-Meyer als einzige Frau von ihrem Fußballwissen leben. Ist das ein Traumberuf? »Auf jeden Fall«, nickt sie, »und es gibt auch viele, die mich darum beneiden, vor allem Spielerinnen. Uschi Lohn zum Beispiel, die sagt oft zu mir: ›Deinen Job würde ich auch gerne machen‹.«

Wenn die Nationalspielerin sich da nicht mal falsche Vorstellungen macht! Wenn Tina Theune-Meyer nicht gerade auf einem Fußballplatz dieser Welt steht oder in einer Sportschule Nachwuchsteams betreut, dann sitzt sie garantiert am Schreibtisch: »Ich arbeite Trainingspläne aus oder überlege mir einen Weg, wie die Spielerinnen optimale Leistung bringen können.« Vor allem in den ›heißen Phasen‹ wie vor Europa- oder Weltmeisterschaften lassen sie die Gedanken um den Fußball dann kaum noch los. »Sogar beim Autofahren grüble ich über diese Themen nach«, sagt Theune-Meyer. Immerhin hat sich der Einsatz gelohnt: Hinter drei Europameister-Titeln und der Vize-Weltmei-

Spielen, Trainieren, Organisieren

Tina Theune-Meier, Nationaltrainerin.

sterschaft von 1995 steckt nicht zuletzt eine ganze Menge ihrer gedanklichen Arbeit.

Abschalten kann die 41jährige eigentlich nur zu Hause. »Ich wohne in Frechen, im Wasserturm«, sagt sie, »und von dort oben schaue ich auf Köln herunter. Das ist mein Ruhepol.« Aus ihrer Wohnung hat sie alles entfernt, was auch nur im geringsten mit Fußball in Zusammenhang zu bringen ist. In ihrer Freizeit möchte sie nicht auch noch an ihre beruflichen Verpflichtungen erinnert werden. »Dann mache ich lieber was anderes«, so Tina Theune-Meyer, »Fotografieren, Städte anschauen, Freunde besuchen. Alles, nur nicht Fußball.«

Viel Zeit bleibt ihr für andere Interessen nicht. Zwar hat sie ein Klavier zu Hause stehen, aber nur selten kommt sie zum Üben. Auch die Malerei fällt allzuoft ihrem Beruf zum Opfer, was sie sehr bedauert. »Ich mag es, Zeit zu haben und für mich selbst zur Ruhe zu kommen«, strahlt die ruhige Tina Theune-Meyer auch eher Zurückhaltung aus, »aber meine künstlerische Ader kommt zur Zeit sehr zu kurz.«

Ihren Beruf würde sie deshalb natürlich nicht an den Nagel hängen, aber eines weiß sie schon jetzt: »Ich bin noch sehr zufrieden, aber mein ganzes Leben lang werde ich nicht als Fußballtrainerin arbeiten.« Einen Generationswechsel sollte es ihrer Meinung nach spätestens dann geben, wenn sie nicht mehr in der Lage sein wird, den jugendlichen Nationalspielerinnen eine Übung ›eigenfüßig‹ vorzumachen. »Dann soll eine Jüngere meinen Job übernehmen«, findet sie, »Interessentinnen gibt es genügend.«

Über eigene berufliche Alternativen hat Tina Theune-Meyer noch nicht nachgedacht. Die Fragen von morgen beschäftigen sie heute noch nicht. »Es gibt so viele Dinge, die mir Spaß machen. Im Umweltschutzbereich würde ich später gerne wieder arbeiten. Oder sonstwo.« Irgend etwas wird sich bestimmt ergeben, denn so war es immer in ihrem Leben: »Da bin ich ganz offen. Wer weiß, vielleicht verkauf' ich ja irgendwann mal Fischbrötchen.«

DFB-Frau Hannelore Ratzeburg

»Wenn es Probleme gibt, dann bleibe ich«

Aus einem für sie typischen Grund fing Hannelore Ratzeburg damals mit dem Fußballspielen an: »Ich wollte etwas Neues ausprobieren. Und für Basketball war ich zu klein, und Handball war mir zu ruppig.« Das war im Jahre 1971 beim norddeutschen Verein West Eimsbüttel. Auf der Weihnachtsfeier hatten sie beschlossen, ein Frauenteam zu gründen und – gesagt, getan – machte sich die Studentin der Sozialpädagogik sofort daran, die Wände eines benachbarten Wohnheims mit Aushängen zu bepflastern. Hannelore Ratzeburg war schon immer eine Frau der Tat.

Heute ist sie 44 Jahre alt, Diplom-Sozialpädagogin und Fußballfunktionärin beim Deutschen Fußball-Bund, der UEFA und der FIFA. Das hört sich langweilig an, nach Schreibtisch, Organisation und Repräsentieren. Aber es ist mehr als spannend, was Hannelore Ratzeburg in den letzten 24 Jahren in der Männerwelt der Fußball-Organisationen alles erlebt hat.

Schon bei West Eimsbüttel fing das an, wo die Frauen immer im Halbdunkel trainieren mußten, weil die Lichtanlage nur auf einer Seite des Platzes angebracht war und die Herren natürlich im Rampenlicht standen. »Dort war das Frauenbild in etwa so, daß man am Wochenende gut gekleidet den Männerspielen zusieht und beim Vereinsfest einen Kuchen backt«, erzählt Hannelore Ratzeburg. Und weiter ging es beim Nachbarclub Grün-Weiß Eimsbüttel, wohin die komplette Frauenmannschaft aus verständlichen Gründen gewechselt war. Studentinnen, die dazu auch noch Fußball spielen wollten, wurden von vornherein als gefährlich eingestuft. Und die Ängste der Herren waren durchaus berechtigt: »Wir haben dort Revolution gemacht«, sagt Hannelore Ratzeburg, »und es fing damit an, daß wir die Satzung umgeschrieben haben.« Hannelore Ratzeburg war schon immer eine Frau mit Mut.

Später brüskierte sie im Spielausschuß die Herren des DFB, weil die damals 26jährige die Schlips-und-Kragen-Kleiderordnung der Sitzungen durchbrach. »Die hatten alle mindestens das Alter meines Vaters und traten gut ›gesettled‹ dort an«, berichtet sie aus dem Jahre 1977, »und ich saß dort im Studentenlook. Ich hatte damals einfach kein Geld, um mir was Schönes zu kaufen.« Diese Taktik erwies sich nicht als besonders gewieft, denn keiner nahm die junge Frau ernst. Ihr wurde mitgeteilt, sie brauche eigentlich nur zu den Terminen anwesend zu sein, bei denen das Thema ›Frauenfußball‹ behandelt werde – also so gut wie nie. Sie kam trotzdem zu jeder Versammlung von Hamburg nach Frankfurt angereist, fünf Stunden Bahnfahrt hin und fünf Stunden zurück. Bis irgendwann DFB-Abteilungsleiter Horst Schmidt fragte: »Haben Sie eigentlich Angst vorm Fliegen?« Von da an war Hannelore Ratzeburg klar, daß sie ihre Ansprüche erstens kennenlernen und zweitens deutlich einfordern mußte.

Zunächst bestand die Aufgabe darin, Frauenfußball im Spielausschuß überhaupt auf den Plan zu bringen, nachdem das üblicherweise unter ›Sonstiges‹ in wenigen Minuten abgehandelt war. Als Hannelore Ratzeburg nicht locker ließ, stimmten die Herren schließlich zu, daß sie eine Examensarbeit umarbeitete in eine Broschüre über Frauenfußball. Als sie dann aber mit 80 Seiten ankam, schüttelten sie ihre greisen Häupter und bestanden auf einer Kürzung auf maximal acht Seiten. Hannelore Ratzeburg, nicht faul, vervielfältigte das Manuskript, verschickte es an alle Spielausschuß-Mitglieder und wartete gespannt die nächste Sitzung ab. »Ich gehe davon aus«, ergriff sie das Wort, »daß alle meine Arbeit gelesen haben und jetzt Kürzungsvorschläge unterbreiten werden.« Schweigen. Nervöses Nesteln am Jackett. Unsichere Blicke zum Nachbarn. Das Ende vom Lied war, daß alle der ursprünglichen Version zustimmten. »Man muß wissen, was sag ich wie, und wann halte ich die Klappe.« 1:0 für Hannelore Ratzeburg.

Doch noch immer hielten alle Distanz zu dieser verrückten jungen Frau, die sich unbedingt mit Fußball beschäftigen wollte. Auch der Spielausschuß-Vorsitzende Walter Baresel blieb kühl und unpersönlich, bis zu jenem Länderspiel in Hamburg, als Hannelore Ratzeburg beim anschließenden Essen ihre Karten ausspielte. Die Herren der Schöpfung tafelten im Salon, und die Damen hatte man unabhängig von ihrer Funktion in einem kargen Nebenraum plaziert. »Irgendwas mußte ich mit den Ehefrauen ja reden«, so Hannelore Ratzeburg, »und da habe ich eben

Hannelore Ratzeburg, DFB-Damenreferentin, in der Frauenkommissionen der UEFA und FIFA.

von meiner Arbeit erzählt und vom Frauenfußball.« Plötzlich war sie der Mittelpunkt der Runde, und besonders Frau Baresel interessierte sich für das Anliegen der Jung-Funktionärin. »Die fand mich wohl nett und muß ihren Mann danach ins Gebet genommen haben«, denkt sich Hannelore Ratzeburg, »jedenfalls war er danach viel freundlicher zu mir und hat meine Arbeit auch anders bewertet.« Letztendlich ist daraus sogar eine herzliche Freundschaft geworden, und Walter Baresel, heute 82, hat ihr vor Jahren schon das »Du« angeboten.

Hannelore Ratzeburg wußte, daß sie Verbündete brauchte, um ihre Ideen im Ausschuß durchzusetzen. Und so gab sie ihre anfängliche Aversion gegen das gemeinsame Biertrinken auf. »Anfangs war ich immer froh, wenn ich nach den Sitzungen nicht über Nacht in Frankfurt bleiben mußte«, erinnert sie sich, »ich hätte wirklich nicht gewußt, worüber ich abends beim Bier mit den anderen reden sollte.« Heute macht es ihr Spaß, nach einer langen Tagung mit den Männern bei einem Bier oder einem Wein zu klönen. Dann spricht man über den letzten Urlaub, über die Kinder und Enkelkinder, über dies und über das. »So etwas lokkert die Distanz.« Hannelore Ratzeburg hält es für richtig, immer den Menschen hinter dem Funktionär zu sehen.»Und ich spüre auf der anderen Seite auch Akzeptanz meiner Person wie auch meinem fachlichen Anliegen gegenüber.«

Hannelore Ratzeburg ist nicht mehr die Alibi-Frau, als die sie beim DFB anfangs ohne Zweifel galt. Sie hat sich durchgebissen dank ihres, wie sie meint,»persönlichen Strickmusters: wenn es irgendwo Probleme gibt, dann bleibe ich.« Da ist sie beim Deutschen Fußball-Bund goldrichtig, war doch ihr Anliegen von Anfang an,»den Frauenfußball auf den Weg zu bringen«. Die Funktionärsgilde winkte geschlossen ab, als sie sich für die Austragung der Frauenfußball-Europameisterschaft 1989 stark machte. Nur einer unterstützte die Referentin für Frauenfußball: ihr damaliger Boß Hermann Neuberger.»Das war ein Mann mit vier Töchtern, er mußte sich tagtäglich mit jüngeren Frauen auseinandersetzen«, erinnert sich Hannelore Ratzeburg gerne an die Zusammenarbeit mit dem inzwischen verstorbenen Hermann Neuberger zurück,»ein sehr souveräner und gefühlvoller Mensch.«

Im eigenen Lande wurden die deutschen Fußball-Frauen 1989 Europameisterinnen. In einem unvergessenen Halbfinale schlugen sie die Italienerinnen im Elfmeterschießen und gaben 22 000 Zuschauern Anlaß, zum Finale gegen Norwegen ins Stadion nach Osnabrück zu kommen.»Das war toll, das ist durch nichts zu überbieten«, schwärmt Hannelore Ratzeburg heute noch davon, »die Spiele, der Titelgewinn, die ganze Atmosphäre – alles hat gestimmt.« Und als beim Abschlußbankett gesungen und getanzt wurde und die Schwedinnen ein selbstkomponiertes Loblied auf die deutsche Nationalmannschaft vortrugen, da durfte sich auch die DFB-Funktionärin Ratzeburg angesprochen fühlen. Denn ohne sie hätte es mit Sicherheit keine Europameisterschaft 1989 in Deutschland gegeben, das bemerkte auch Nationaltrainerin Tina Theune-Meyer am Rande:»Die hat das durchgesetzt, der haben wir sowieso fast alles zu verdanken.« Es ist nicht die Art von Hannelore Ratzeburg, sich auf ihren Lorbeeren auszuruhen. Noch im Fahrwasser des Erfolgs dachte sie laut über die Gründung einer U-19-Auswahl nach ...

Nach der Frauen-Nationalmannschaft ist jetzt auch der Nachwuchsbereich etabliert, es gibt eine U-16 und eine U-20 Nationalmannschaft, beide hervorragend betreut von der einzigen DFB-Trainerin Tina Theune-Meyer. In Deutschland hat Hannelore

Ratzeburg ihre Arbeit gut gemacht, und so zieht es die Funktionärin in die weite Welt hinaus. Bereits seit 1980 mischt sie auf europäischer Ebene mit, sie gehört der UEFA-Kommission für Damenfußball an. Als besonderes Kompliment wertet sie es, daß sie 1990 auch der Weltfußballverband FIFA in seine Frauenfußball-Kommission berief. Ihr eigener Verband, und das freut sie am meisten, hat sie für dieses ehrenvolle Amt vorgeschlagen.»Eine sehr hohe Anerkennung«, fühlt sich Hannelore Ratzeburg nach vielen Jahren des Kampfes endlich bestätigt, »nur selten wurde mir beim DFB Rückmeldung gegeben, aber so etwas zeigt doch, daß man mich als Funktionärin aus dem eigenen Haus hinauslassen kann.«

Auch bei der FIFA war die Freude groß, endlich eine Frau in den eigenen Reihen begrüßen zu dürfen. »Als ich da reinkam, waren schon die Angestellten und Sekretärinnen ganz begeistert«, sagt die Hamburgerin, »denn alle hatten eigentlich mit einem Mann gerechnet.« Je höher das Gremium, desto souveräner ist der Umgang mit Frauen – diese Erfahrung hat Hannelore Ratzeburg in ihrer Karriere als Funktionärin gemacht. Je höher das Gremium, desto geringer ist aber auch der Frauenanteil. Die Strukturen der Verbände sind weder familien- noch arbeitnehmerfreundlich. Für die im Schuldienst beschäftigte Sozialpädagogin ist der Zeitplan oft eng. »Gerade hohe Positionen, die mit vielen Reisen verbunden sind, können eigentlich nur von Pensionären besetzt werden.«

Mit Frauen und Männern aller Altersklassen durchmischt – so stellt sich Hannelore Ratzeburg die ideale Ausschußbesetzung bei den Fußballverbänden vor. Gerade aber die Frauen verweigern sich, und das liegt nicht nur an ihren familiären Verpflichtungen. »Sie sind viel zu selbstkritisch«, spricht Funktionärin Ratzeburg auch aus eigener Erfahrung, »alles muß immer hundertprozentig durchdacht sein. Und wenn sie dann doch einen Fehler machen, ist ihnen das hochnotpeinlich. Männer gehen lockerer damit um.« Immer wieder versucht Hannelore Ratzeburg, Frauen für die Arbeit im organisatorischen Bereich zu gewinnen. Es ist ihr egal, daß sie meist als einsame Ruferin in der Wüste dasteht: »Frauen, wenn ihr Interesse habt, dann ruft mich an. Ich helfe euch, wo ich nur kann. Ich suche Mitarbeiterinnen, laßt mich nicht allein!«

Schiedsrichterinnen

Frauen mit Pfiff

Das Pokalspiel zwischen dem SV Sandhausen und dem Karlsruher SC war eigentlich nur noch Nebensache. »Es waren sieben Kameras da, und alle waren auf mich gerichtet«, erzählt Gertrud Gebhard, »aber da muß man eben durch.« Die 33jährige Hallstädterin ging zu diesem Zeitpunkt gerade ihrem Hobby nach: Sie »winkte«. Das ist Schiedsrichterdeutsch und heißt so viel wie: Sie war Linienrichterin bei einem Fußballspiel. Ein ganz ungewöhnlicher Anblick, fanden offensichtlich die Journalisten.

Gertrud Gebhard »winkt« und pfeift schon seit 15 Jahren, sie ist Deutschlands erfahrenste Fußball-Schiedsrichterin. Rund 1 000 Frauen gibt es, die sich in der Männerdomäne Fußball in die Schiedsrichter-Rolle wagen, und alle haben sie schon tolle Geschichten erlebt. Renate Krumpen zum Beispiel hat es sich zur Gewohnheit gemacht, sich zu Schiedsrichterlehrgängen nur unter »R. Krumpen« anzumelden, damit das Anmeldeformular nicht wieder mit der üblichen Begründung abgelehnt wird: »Sie können an dem Lehrgang nicht teilnehmen, da am Ort keine Damentoiletten vorhanden sind.«[49] Beliebt, so das Frauenfußball-Magazin »Dieda«, sei auch das Argument: »Es gibt leider nur Doppelzimmmer.«[50]

Als Verbandsliga-Schiedsrichterin Silke Janßen mit ihrem männlichen Linienrichtergespann zu einem Spiel anrückte, drückte der Betreuer der Heimmannschaft einem der Herren den Spielball und die Pässe in die Hand. Erst als dieser breit grinste und auf seine »Chefin« zeigte, schwante ihm, daß der Mann in schwarz heute eine Frau sein würde. Umgekehrt passierte es Gertrud Gebhard, daß sie vor einem Zweitliga-Spiel irrtümlich für die Schiedsrichterin gehalten wurde. »Dich kennt jeder, obwohl ich doch in der Zweiten Liga pfeife und du eine Klasse darunter«, brummte der wahre Schiedsrichter Helmut Fleischer leicht gekränkt.

49 Dieda, Nr.1/1993, S. 60.
50 Ebd.

Verwechslungskomödien sind weitaus häufiger als Akzeptanzprobleme, die offensichtlich altersbedingt aber auch auftreten. »Schau' mal«, stieß der kleine Fußball-Knirps seinem Kollegen in die Seite, »da kommt ein Weib.« Skeptisch verfolgte der Dreikäsehoch, wie sich Schiedsrichterin Elke Metz für ihr Jugendspiel fertigmachte. »Bei den Kleinen ist es am schlimmsten«, sagt die 33jährige Königsteinerin, »Männer akzeptieren eine Schiedsrichterin eher, spätestens nach der ersten Gelben Karte.« Diesen Eindruck kann Gertrud Gebhard nicht bestätigen, sie hat festgestellt, daß gerade bei Alt-Herren-Mannschaften jeder sein eigener Schiedsrichter ist. »Die haben ihr ganzes Leben lang Fußball gespielt und wissen alles besser. Da wird man oft nicht ernstgenommen.«

Elke Metz hat es sich zur Gewohnheit gemacht, vor dem Spiel »den Ball zwei, drei Mal mit dem Fuß hochzuhalten.« Auf diese Weise können sich Skeptiker davon überzeugen, daß es der Schiedsrichterin am fußballtechnischen Know-How jedenfalls nicht fehlt. Wenn sich doch einer erdreistet, sie mit frauenfeindlichen Sprüchen zu belästigen, dann »klopfe ich einen Spruch zurück«. Zum Beispiel? »Zum Beispiel: So schlecht wie Sie spielen, so schlecht kann ich gar nicht pfeifen!«

Auch die Emdenerin Silke Janßen hat eine Strategie entwickelt, auf Beschimpfungen zu reagieren: »Gar nicht.« In den unteren Klassen bekommt die 24jährige schon manchmal deftige Worte zu hören. »Wir sind doch hier nicht beim Nonnenhockey«, beschimpfte sie neulich ein Fan. Silke Janßen kopfschüttelnd: »Wenn ich mich auf solche Sprüche einlasse, dann Gute Nacht!«

Nicht hinhören – das ist auch die Devise von Gertrud Gebhard. »Wenn ich mir jeden Spruch zu Herzen nehmen wollte«, sagt sie, »dann hätte ich schon nach zwei Jahren aufgehört.«

Hat sie aber nicht. Mit viel Geduld und Mühe kämpfte sich die Fränkin bis in die Zweite Liga vor, wo sie als einzige Frau im Lizenzfußball an der Linie steht. Lockt jetzt die 1. Bundesliga? »Natürlich wäre das reizvoll«, so Gebhard, »aber bei uns in Bayern ist es so, daß zuerst die alten und erfahrenen Linienrichter untergebracht werden, ganz klar. Da habe ich als Neuling kaum eine Chance.« Als Regionalliga-Schiedsrichterin wäre sie durchaus berechtigt, auch in der Ersten Liga zu winken, dann wäre die Sensation perfekt. »Die ersten zwei, drei Spiele würden sich bestimmt einige drüber aufregen«, glaubt Gertrud Gebhard, »aber dann hätte man sich auch in der 1. Bundesliga an eine Linienrichterin gewöhnt.«

Ihr Wort in Gottes Ohr. Schon auf Kreisebene, wo männliche und weibliche Schiedsrichter ihre Karriere mit Jugend- und Alt-Herren-Spielen beginnen, stoßen die pfeifenden Damen auf Widerstände. »Einmal habe ich den Zuschauerliebling vom Platz gestellt«, berichtet Silke Janßen, »da wurde ich von den Brüdern und dem Rest der Familie ganz übel beschimpft. Der eine hätte mich mit dem Motorroller beinahe platt gefahren.« Natürlich passiert das den männlichen Kollegen ebenso, aber deren Chance auf Beförderung in höhere und damit zivilisiertere Spielklassen ist größer – das zeigt die Erfahrung. »Auf Kreisebene werden Frauen oft links liegen gelassen«, sagt Silke Janßen, »sie schaffen dann den Sprung nie in die Bezirkliga. Im Bezirk Mittelrhein zum Beispiel werden Schiedsrichterinnen richtiggehend unterdrückt.«

Schon in den 60er Jahren, noch bevor es den Frauen offiziell gestattet war, Fußball zu spielen, wurden in Deutschland Schiedsrichterinnen ausgebildet. Das war weniger ein Zeichen emanzipatorischen Denkens, vielmehr fehlen in Deutschland schon seit Jahren die Schieds- und Linienrichter. Horst Schmidt vom Deutschen Fußball-Bund (DFB): »Wir bräuchten 75 000, um alle Spiele zu besetzen, es gibt aber nur rund 68 000.« Natürlich sind unter diesen Bedingungen auch Frauen herzlich willkommen. In bundesweiten Plakataktionen, die sich deutlich auch an Frauen wenden, sucht der DFB Leute »mit Pfiff«. Angehende Schiedsrichterinnen sollten aber nicht nur pfiffig, sondern vor allem geduldig sein. »Es dauert oft ewig, bis sie vom Kreis nach oben gemeldet werden«, sagt Silke Janßen, »Frauen müssen mehr Leistung bringen als Männer, bestimmt hundertzwanzig Prozent, um anerkannt zu werden.«

Der Schiedsrichter-Obmann des Kreises hat darüber zu befinden, ob ein(e) Scheidsrichter(in) reif ist für höhere Aufgaben. »Und wenn der nicht hinter einem steht«, so Janßen, »dann ist man absolut auf verlorenem Posten.« Frauenfeindlichkeit wird hier gerne mit dem Argument verklärt, daß einem Mann nicht der Aufstiegsplatz weggenommen werden dürfe. »Dann heißt es, was wollt ihr denn, ihr Frauen, mit 25 Jahren bekommt ihr doch sowieso ein Kind!«

Silke Janßen hatte Glück. Ihr Lehrwart Erich Dierks war gleichzeitig der Kreis-Obmann, und ihm ist mitnichten Frauenfeind-

Fakten und Zahlen

Es gibt in Deutschland insgesamt 68 630 Fußball-Schiedsrichter, darunter nur 929 (1,3 Prozent) Frauen*. Die Ausbildung wird von den Landesverbänden organisiert, sie ist kostenfrei und steht allen offen. Praktische Fußballerfahrung ist nicht vonnöten. Nach einer theoretischen Prüfung in Regelkunde leiten die angehenden Schiedsrichter(innen) zunächst Schüler-, Jugend- und Alt-Herren-Spiele. Über den Aufstieg in die Bezirksliga entscheidet später der Schiedsrichter-Obmann des Fußballkreises.

Von Bezirksliga aufwärts gilt für alle Schiedsrichter ein Bewertungssystem nach Punkten, das alle zwei Jahre über einen eventuellen Auf- oder Abstieg in eine andere Spielklasse entscheidet. Schiedsrichterinnen, die mindestens auf Bezirksliga-Ebene pfeifen und von ihrem Landesverband hierfür gemeldet sind, werden in der Frauenfußball-Bundesliga eingesetzt. Zur Zeit sind das 31, sie stehen auf der DFB-Schiedsrichterinnen-Liste.

Seit Anfang 1995 existieren auch Frauenlisten des Weltfußballverbands (FIFA) für Schieds- und Linienrichterinnen. Hierfür hat der Deutsche Fußball-Bund drei Frauen gemeldet: Die Linienrichterinnen Elke Günther (Bamberg) und Christine Frei (Bremen) und die Schiedsrichterin Gertrud Gebhard (Hallstadt). Sie kommen bei internationalen Vergleichen wie Europa- und Weltmeisterschaften zum Einsatz. Als einzige Frau steht Gertrud Gebhard auf der Herrenliste des DFB. Sie ist Regionalliga-Schiedsrichterin und Linienrichterin in der Zweiten Bundesliga der Männer.

---

* Stand 13. März 1995. Die Angaben stammen vom Deutschen Fußball-Bund (DFB).

lichkeit vorzuwerfen: Der 50jährige meldete die Nachwuchs-Schiedsrichterin damals schnell in der Bezirksliga. Seit vier Jahren fungiert er zusammen mit Herbert Schnabel als ihr Linienrichter. »Ich weiß noch«, erzählt die Emdenerin, »wie ich bei meinem ersten Damen-Oberliga-Spiel nach Linienrichtern gesucht habe. Die Jungen wollten alle nicht mit einer Frau auftreten, aber die beiden waren sofort Feuer und Flamme. Und jetzt haben wir uns richtig aneinander gewöhnt.«

»Ja, ja«, nicken auch die Herren Linienrichter, »bei uns ist es immer wie auf einem Familienausflug.« Jedes Wochenende ziehen die drei gemeinsam los, und längst ist auch die lästige Dusch-Frage geklärt. Weil es auf den meisten Plätzen nur eine Schiri-Kabine gibt, läßt sich Silke Janßen nach dem Abpfiff ausgesprochen viel Zeit. »Ich sehe dann schon, wie die beiden etwas schneller in Richtung Dusche gehen, und irgendwann tönt es von drinnen: ›Du kannst kommen!‹« Auf dem Platz zeigt das sympathische Trio, daß es auch fußballfachlich harmoniert. In diesem Jahr wurden sie auserwählt, das DFB-Pokalendspiel der Damen in Berlin zu leiten. »Das ist einfach das Größte«, sagt Silke Janßen, »einmal Berlin, davon träumt doch jeder Schiedsrichter.«

Gertrud Gebhard kann das nur bestätigen. Die Hallstädterin war 1991 die erste Frau, die das Damen-Pokalfinale in Berlin leiten durfte. »Die Atmosphäre des Berliner Olympiastadions mit den vielen Zuschauern, ein Wahnsinn!« Beim Anblick der beeindruckenden Kulisse war sie vor dem Spiel nervöser als die eigentlichen Akteurinnen, von denen viele schon mehrmals in Berlin gespielt hatten. »Aber für mich war es das erste Mal«, erinnert sie sich, »da mußte ich vor dem Anpfiff schon häufiger ein stilles Örtchen aufsuchen.« Mit Spielbeginn war die Aufregung dann vorbei, und Gertrud Gebhard konnte diesen ersten Höhepunkt ihrer Karriere in vollen Zügen genießen.

In noch höheren Tönen schwärmt sie von der ersten Frauenfußball-Weltmeisterschaft in China 1991, zu der sie als erste deutsche Linienrichterin entsandt wurde: »Wirklich ein großes Erlebnis. Allein der Umgang mit anderen Menschen und Nationalitäten, das hat mir sehr viel gegeben. Und das ganze Drumherum, ein einziges Blumenmeer. Es war einfach ein Traum!«

Nach jahrelangen Anstrengungen erlebt Gertrud Gebhard heute die schönen Seiten ihres Schiedsrichterinnen-Daseins. »Manchmal ist es eben auch von Vorteil, eine Frau zu sein.«

Aber eben nur manchmal. Als sie mit 17 Jahren mangels eigener Spielmöglichkeiten anfing zu pfeifen, dauert es mehr als sechs Jahre, bis sie in die Bezirksliga und damit in den Ernst des Schiedsrichter-Lebens einsteigen durfte. »Es ist in Bayern auch extrem schwer. Von 200 Schiedsrichtern im Kreis steigt nur einer pro Jahr auf.« Die junge Gertrud Gebhard, die damals noch Gertrud Regus hieß, glaubt nicht unbedingt an eine Diskiminierung aufgrund ihres Geschlechts. Sie setzte alles daran, um den ersten ganz schweren Schritt zu schaffen: »Ich habe mich dem Obmann geradezu aufgedrängt, war Tag und Nacht für ihn zu erreichen. Ich nahm an jedem Training teil, war bei jedem Lehrgang und bei jeder Fördergruppe. Ich habe einfach nie aufgegeben, irgendwann konnte er nicht mehr an mir vorbei.«

Trotzdem mußte der Zufall helfen. Als drei Bezirksliga-Schiedsrichter freiwillig aufhörten, und die Herren händeringend nach geeignetem Ersatz suchten, war es soweit: »Sie mußten mich qualifizieren, es war kein anderer da.« Ab diesem Zeitpunkt war sie nicht länger der Willkür von Obmännern ausgesetzt, denn von der Bezirksliga an werden die Schiedsrichter regelmäßig beobachtet und nach Punkten bewertet. Ähnlich der Auf- und Abstiegsregelung im Spielbetrieb können auch die Unparteiischen alle zwei Jahre die nächsthöhere Klasse erreichen oder heruntergestuft werden.

Gertrud Gebhard stieg oft auf. In ihrer zweiten Saison pfeift sie schon in der Regionalliga, und ihr Ehrgeiz ist ungebrochen. Die städtische Verwaltungsangestellte bringt das Kunststück fertig, Beruf, Familie und Schiedsrichterei unter einen Hut zu bringen. Kein Wochenende ist sie zu Hause, oft drei Tage am Stück unterwegs. »Mein Mann ist Polizeibeamter, am Wochenende kümmert er sich um die Kinder. Das klappt gut.« Warum sie sich diesen Streß antut und nicht lieber selber ein bißchen Freizeitfußball spielt? »Mir war pfeifen immer wichtiger, der Reiz ist viel größer. Man muß sich alleine durchkämpfen, kann sich nie einen Durchhänger erlauben wie als Spielerin. Auswechseln lassen, das geht eben nicht.«

Nur wenige denken so. Die meisten Frauen wechseln erst dann ins Schiedsrichteramt, wenn sie aus Leistungs- oder Verletzungsgründen das Kicken an den Nagel hängen müssen. »Wenn sich eine Frau schon für Fußball interessiert«, so Gertrud Gebhard,

»dann spielt sie meistens lieber selbst. Deshalb gibt es auch so wenige Schiedsrichterinnen.« Gerade 1,3 Prozent aller Schiedsrichter in Deutschland sind weiblichen Geschlechts – eine verschwindend geringe Minderheit. Ob eine von ihnen je die 1. Bundesliga der Herren erreichen wird, das steht in den Sternen. Eindeutig beantworten aber läßt sich die Frage, wann bei einer Fußball-Weltmeisterschaft der Männer zum ersten Mal eine Schiedsrichterin zum Zuge kommen wird. Gertrud Gebhard: »Niemals, das ist ein Ding der Unmöglichkeit.«

Die Schiedsrichterin Silke Janßen mit ihren Linienrichtern Erich Dierks (links) und Herbert Schnabel.

Berichten

Fußball-Journalistinnen

Ein Hauch von Exotik

Zwei Worte haben sie berühmt gemacht: »Schalke nullfünf.«
»Wenn Sie es nicht selbst gesagt hätten, dann hätte es eine Werbeagentur für Sie erfinden müssen«[1], schrieb einmal ein Zuschauer an Carmen Thomas. Und er hat ganz recht: Wer kennt noch ihre Nachfolgerinnen Sissy de Maas und Joan Haanapel, fast vergessen ist Doris Papperitz und demnächst auch Christine Reinhart. Aber Carmen Thomas, die 1973 als erste Frau das Aktuelle Sportstudio moderierte, gehört zu den bekanntesten deutschen Sportjournalistinnen. Auch wenn sie seit 20 Jahren keine mehr ist. »Ich wünsche Ihnen – ganz im Ernst«, schrieb sie zum Debut der inzwischen gescheiterten Christine Reinhart, »einen Versprecher wie Schalke 05.«[2]

Es war damals nicht so, wie es heute erzählt wird. Ihr »Schalke 05« hat Carmen Thomas nicht wirklich das Genick gebrochen; sie moderierte eineinhalb Jahre munter weiter. »Und als sie uns dann verließ«, so der kürzlich verstorbene Fernsehjournalist und frühere ZDF-Sportchef Hanns-Joachim Friedrichs, »tat sie dies, weil sie vor dem Kölner Arbeitsgericht einen Prozeß auf Festanstellung beim Westdeutschen Rundfunk gewonnen hatte.«[3] Also wie denn nun?

Ebenfalls beim ZDF-Sportstudio soll laut Zeitungsberichten die anerkannte Fußballreporterin Ulla Holthoff verabschiedet worden sein, da sie 1994 öffentlich gemacht hatte, wie der damalige Sportchef Karl Senne ihre Nicht-Berücksichtigung für das ›WM-Aufgebot‹ begründet hatte: »Weil wir es Ihnen nicht zumuten können, vier bis fünf Wochen von den Kindern getrennt zu sein.«[4] Tatsache ist, daß die zweifache Mutter keineswegs rausgeflogen ist und über die sehr seltsame Argumentationsweise

---

1 Thomas, C.: Sportstudio als lebensverändernde Erfahrung. – In: Gong, Nr. 18/1993.
2 Ebd.
3 Friedrichs, H.-J.: Journalistenleben. Gütersloh 1994.
4 Stoffels, I.: Sportchef Senne: Der Macho vom ZDF. – In: Express, 18.2.1994, S. 3.

Ulla Holthoff, Fußballchefin beim »Deutschen Sport-Fernsehen« (DSF).

auch nicht sonderlich erstaunt war: »Ich hatte mit so etwas schon gerechnet.« Ulla Holthoff galt im Hause als kritikfreudig und hielt sich auch nie an die Goldene Regel: »Wenn man dort etwas werden will, muß man eben mit der Führungsclique essen gehen.«

Letztendlich aber war es ihre ureigenste Entscheidung, das ZDF zu verlassen, wo man sich ihr gegenüber keineswegs immer nur machohaft verhalten hatte. Besagter Karl Senne war es, der sie bei ihrem Einstieg im Jahre 1989 telefonisch wissen ließ: »Schwanger sind Sie also? Das ist für uns kein Problem. Herzlich willkommen.« Ulla Holthoff hatte damals eigentlich angerufen, um von sich aus abzusagen.

Sind es am Ende doch nicht die »Mainzelmachos« vom ZDF, die den Fußballfrauen im Sportstudio in schöner Regelmäßigkeit den Hahn abdrehen? Die Wahrheit liegt wahrscheinlich irgendwo in der Mitte. »Frauen werden als Repräsentantinnen mißbraucht – und sie lassen sich auch mißbrauchen«, sagt Ulla Holthoff. Soll heißen: Ohne Ausbildung, ohne Vorkenntnisse werden vorzugsweise blonde, hübsche Moderatorinnen auf eine sie hoffnungslos überfordernde Position gehievt, um dann sang- und klanglos unterzugehen. Holthoff: »Bei uns gab es einige Sekretärinnen, die hatten mehr Ahnung vom Sport als manche Moderatorin.«

Gerade in fußballastigen Sendungen wie dem ZDF-Sportstudio aber kommt es auf fachliches Detailwissen an. Wie wenig erhellend es für das Publikum auch sein mag, den dritten Vornamen des vorletzten Reservespielers noch auswendig zu kennen – von Vorteil ist das in diesem Fach allemal. »Die meisten männlichen Fußballjournalisten sind wirkliche Freaks«, zieht Holthoff den Vergleich, »die wissen noch, wie Eintracht Braunschweig vor zehn Jahren gegen XY gespielt hat und wer damals die Tore geschossen hat.« Eine Fußballsozialisation, wie sie ein kleiner Junge in der Regel von Kindesbeinen an genießt, hält Holthoff in diesem Job für unerläßlich. »Wenn du erst mit 25 Jahren mit Fußball anfängst«, sagt sie, »hast du keine Chance mehr, dann ist dir einfach zu viel entgangen.«

Die Statistik gibt ihr absolut recht. Alle erfolgreichen Fußballjournalistinnen – ihre Anzahl dürfte sich zwischen drei und fünf bewegen – lieben oder besser noch spielen Fußball, solange sie denken können. Die WDR-Sportmoderatorin Sabine Hartelt, seit sieben Jahren schon auf dem Schirm, erinnert sich daran, »als Kind auf den Düsseldorfer Rheinwiesen eigenhändig Holzpfosten in den Boden gegraben zu haben – sehr zur Freude der Stadt. Und zum Geburtstag gab's das Netz zum Tor.«

Sabine Töpperwien war schon »mit elf oder zwölf Jahren ein Bayern-Fan«. Heute kommentiert die 34jährige Hörfunkreporterin als einzige Frau im öffentlich-rechtlichen Rundfunk jeden Samstag die Fußballspiele der Bundesliga. Ihre Fachkompetenz ist unbestritten. Auch hilft es sehr, besonders in den Printmedien, wo der Zugang zum Fußball für Frauen leichter zu finden ist, wie Barbara Leicht eine fußballbegeisterte Familie zu haben. »Meine Mutter hat sich immer dafür interessiert, und meine Oma kann auswendig die Bundesliga-Tabelle rauf und runterbeten«, berichtet die 26jährige Fußballspezialistin beim Sport-Informations-Dienst »sid«[5] über ihre erblichen Vorbelastungen.

Erschwerend kommt aber hinzu, daß auch kompetente Frauen immer »unter besonderer Beobachtung stehen«, so Sabine Har-

---

5 Der Sport-Informations-Dienst (sid) ist eine Sportpresse-Agentur, die aktuelle Berichte zu allen Sportereignissen für Zeitungen, Rundfunk und Fernsehen anbietet.

telt. Das Mißtrauen der Kollegen und vor allem des männlichen Publikums ist ihnen sicher. »Viele Männer beginnen bei der Kommentierung eines Fußballspiels durch eine Frau zu ›fremdeln‹«, beschreibt Friedrichs die automatisch eingenommene Abwehrhaltung, »und die Nachdenklichen unter ihnen ärgern sich darüber, weil sie keinen ›vernünftigen‹ Grund für ihr Unbehagen erkennen können.«[6]

Ursache dieser Irritationen könnten negative Erfahrungen aus der Vergangenheit sein, die in den Zuschauern zu neuem Leben erweckt werden. Die Art und Weise, wie die ehemalige Schauspielerin Christine Reinhart im Sportstudio fußballtypische, aber auswendig gelernte Begriffe (»auf dem Betze«, »der Andy«) benutzte und ihre Hauptsache-Fußball-macht-Spaß-Fragen stellte, wirkte sich berufsschädigend auf die gesamte Zunft der Fußballjournalistinnen aus. »So etwas befördert doch gleich das Bild: Frauen haben sowieso keine Ahnung«, findet Ines Reichelt von der Sächsischen Zeitung«, »ich würde mir wirklich an diese Stelle eine Frau mit Fachkompetenz wünschen.«

Zumindest von der Außenwahrnehmung her repräsentiert die jeweils aktuelle Moderatorin des ZDF-Sportstudios alle Sportjournalistinnen schlechthin. Das ist bedauerlich und – vor allem für die Kolleginnen der schreibenden Zunft – zutiefst ungerecht. »Es gibt viele richtig gute Fußballjournalistinnen im Printbereich«, sagt die sonst eher kritische Ulla Holthoff, die früher selber für die »Westdeutsche Allgemeine Zeitung« und die »Welt« geschrieben hat, »aber die meisten wechseln nach einer gewissen Zeit zum Tennis oder zum Eiskunstlauf.« Gerade in regionalen Zeitungsredaktionen ist das Terrain genau abgesteckt, und die Platzhirsche sind nicht willig, von ihrem angestammten Fußballclub zu weichen.

Oft las man früher die Fußballberichte von Doris Henkel in der »Süddeutschen Zeitung«, die den FC Bayern in einer sachlichen, weniger fanhaften Weise darstellten. Heute schreibt sie Bücher, Portraits, Tennis-Biographien. »Viele Frauen empfinden es unter ihrer Würde, sich an diesem ständigen Konkurrenzkampf, der allerdings auch unter Männern ausgetragen wird, zu beteiligen, und sie suchen sich eher eine Nische«, so Ulla Holthoff.

Nur wenige Frauen im Sportjournalismus können so, wie sie

---

6 Friedrichs, 1994, S. 166.

wollen. Ihr Anteil von sechs bis sieben Prozent an den 4 000 Sportmedienvertretern[7] läßt sie verschwinden in einer Masse von männlichen Kollegen, die – wenn's drauf ankommt – natürlich zusammenhalten. Die Mehrheit der WDR-Sportschau-Redakteure begrüßte ihre neue und einzige Kollegin Sabine Hartelt vor zehn Jahren mit eisigem Schweigen. »Für die Jungs war das was Neues, Ungewohntes, nicht unbedingt Gewolltes«, berichtet die 35jährige Fußballfachfrau, »ein paar haben sich Mühe gegeben und mir einiges erklärt. Die anderen haben sich wohl gedacht: ›Mal sehen, wie lange sie durchhält.‹«

Diese unkollegialen Verhaltensweisen sind nicht WDR-spezifisch, sie unterscheiden sich zu anderen Rundfunkanstalten nur in Nuancen. Ein ganz wesentliches Merkmal dieser männlichen Abwehrreaktion ist die Sprachlosigkeit. Wer sich in den offenen Konflikt begibt mit einer Frau, macht sich angreifbar und oft auch den sie beschützenden Chef zu seinem Feind. Diffuses Schweigen aber löst gerade bei Frauen einen immer wieder beobachteten Effekt aus: »Ich habe den Fehler bei mir selbst gesucht«, glaubt die inzwischen etablierte Sabine Hartelt, »irgendwie war ich auch nicht richtig in der Lage, auf die Leute zuzugehen.«

Viele Sport- und gerade Fußballjournalistinnen bestreiten die Zugangsbeschränkungen für Frauen zu diesem Beruf auch dann noch, wenn sie sie am eigenen Leibe erfahren haben. Nicht so Sabine Hartelt, die fachlich schon gut ausgebildet zum Fernsehen kam und trotzdem anderthalb Jahre brauchte, um anerkannt zu werden: »Früher habe ich es immer relativiert, aber heute glaube ich schon, daß es stimmt: Als Frau mußt du nicht 100 Prozent, sondern 120 Prozent bringen, damit 80 Prozent Akzeptanz da ist.«

In der Praxis sieht das so aus, daß eine Frau fünf Mal so lange braucht, um trotzdem nicht so weit zu kommen wie ein Mann. In den ersten drei Jahren hat Sabine Hartelt ausschließlich Redaktionsdienste gemacht. Auf die Frage, warum ihrer Meinung nach so wenige Frauen im fußballastigen Sportjournalismus anzutreffen sind, sagt sie: »Um Fuß zu fassen, braucht es Zeit. Viele stellen sich das leichter vor, und wenn sie die Perspektive nicht sehen, hören sie schnell wieder auf.«

---

7 Vgl. VDS-Info (Verband Deutscher Sportjournalisten), Nr. 4/1994, S. 3.

Es ist auch eine optische Täuschung, daß sich der Frauenanteil in den Sportredaktionen des Fernsehens großartig erhöht haben soll. Zwar kommt heute keine Fußballsendung ohne seine obligatorische Moderatorin mehr aus, aber mit wirklicher fachlicher Anerkennung hat das nur selten etwas zu tun. Ulla Holthoff: »Das bringt einen Hauch von Exotik.«

Noch sehr gut kann sie sich daran erinnern, wie enttäuscht die Herren beim ZDF damals waren, daß der erste Bundesliga-Einsatz einer Sportstudio-Reporterin in den Montagszeitungen keine Erwähnung fand. »Sie hatten sich eigentlich einen Werbeeffekt davon erhofft«, sagt sie. Eine neue Moderatorin der Samstagabend-Sendung wäre mit Sicherheit für lange Zeitungsdebatten über das Für und Wider von Frauen im Fußball-Journalismus gut gewesen, obgleich der Anteil an fußballjournalistischer Arbeit bei der Moderatorin im Vergleich zur Reporterin etwa ein Zehntel beträgt.

Journalistinnen, die aus und nicht nur über die Fußball-Bundesliga berichten, sind absolute Mangelware. Es gibt viele Moderatorinnen, einige Redakteurinnen und so gut wie keine Reporterinnen im Fußballbereich. »Bei öffentlich-rechtlichen Sendeanstalten bin ich die einzige Frau«, vermißt Sabine Töpperwien seit einiger Zeit in den Bundesligastadien auch ihre bislang einzige Kollegin Ulla Holthoff. Die wechselte nach den Querelen beim ZDF schließlich doch ihren Arbeitgeber und ist nun Fußball-Chefin beim Deutschen Sport-Fernsehen (DSF). Eine Führungsposition im Fußballbereich immerhin, aber ohne genuin journalistische Betätigung. »Ich wußte, daß ich mich irgendwann zurückziehen werde«, sagt sie, »ich habe so oft und so viel schon vom Fußball als Reporterin berichtet – ich hab's hinter mir.«

Auf der Pressetribüne der Stadien immerhin sind einige Bundesliga-Reporterinnen zu finden. In einem Medium, das weniger mit dem Bauch und mehr mit dem Kopf konsumiert wird, kann eine Fußballjournalistin offenbar besser Fuß fassen. Die berufliche Laufbahn der »sid«-Journalistin Barbara Leicht hätte sich beim Fernsehen nicht so reibungslos gestaltet. »Als ich 1990 beim Sport-Informations-Dienst in Frankfurt angefangen habe«, erzählt die 26jährige, »wurde ich direkt ins kalte Wasser geworfen.«

Beim ersten Bundesliga-Spiel war der Kollege noch dabei, von da an hat sie eigenverantwortlich berichtet. Ihr Vorteil gegenüber

Barbara Leicht
Fußball-Journalistin
bei der Presseagentur
»Sport-Informations-
Dienst« (sid).

den Kolleginnen bei Funk und Fernsehen ist vor allem die Möglichkeit einer kontinuierlichen Berichterstattung. Bei jedem Heimspiel von Eintracht Frankfurt ist sie dabei; der Hölzenbein kennt sie, und sie kennt den Hölzenbein. Spätestens nach dem dritten Interview wird er vergessen haben, daß er sich mit einer Frau unterhält. »Irgendwie gehört man dann dazu«, sagt sie. Und die Herren von Eintracht Frankfurt empfinden das wohl ähnlich. Als die Fußball-Reporterin von einem männlichen Kollegen bei einem Weihnachtsessen vertreten wurde, waren Präsident und Manager so irritiert, daß sie zuerst die Gans gar nicht anschneiden wollten. Begründung: »Wir müssen noch warten, bis die Frau Leicht da ist.«

Der Fall Reinhart

Nach zwei Jahren beim ZDF-Sportstudio hat die Moderatorin Christine Reinhart im Mai das Handtuch geworfen. Vernichtende Kritiken und unsachliche Äußerungen männlicher Kollegen (»sie kann mitreden bei einer Perlenkette, aber nicht bei einer Viererkette«) bewegten die gelernte Schauspielerin zu diesem Schritt. Hier sagen Fußball-Journalistinnen ihre Meinung dazu.

Ulla Holthoff, Deutsches Sport-Fernsehen (DSF): »Mein Standardsatz zu Christine war immer: Dafür, daß sie keine Ahnung hat, sieht sie einfach nicht gut genug aus. Entweder man stellt eine richtige Rakete dort hin, damit die Leute schon wegen der Optik einschalten. Oder man nimmt eine wirkliche Fachfrau, aber der fehlt dann oft der Charme. Ich glaube, zur Zeit gibt es keine Frau, die das Sportstudio moderieren könnte, es gibt ja auch nur wenige Männer. Die Frauen im Sportstudio sind meiner Meinung nach gescheitert, weil sie wirklich nicht gut waren. Und das gilt genauso für die vielen gescheiterten Männer auf dieser Position.«

Barbara Leicht, Sport-Informations-Dienst (sid): »Für Christine Reinhart tut es mir wirklich leid, daß sie am Ende in den Klatschspalten gelandet ist. Obwohl ich auch sagen muß, daß ich immer Angst hatte, daß sie einen Fehler macht. Trotzdem war ich immer solidarisch mit ihr und habe sie für ihren Mut bewundert. Jedes Mal habe ich ihr die Daumen gedrückt. Schade, daß sie wie so viele vor ihr auch gescheitert ist. Es wäre toll gewesen für uns Frauen, wenn sie dort was rausgeholt hätte. Jetzt heißt es wieder: ›Eine Frau, oje.‹ Ich bin gespannt, ob das ZDF noch einmal das Wagnis ›Frau‹ eingeht.«

Sabine Hartelt, Westdeutscher Rundfunk (WDR): »Man kann zu Christine Reinhart stehen wie man will, irgendwo ist sie auch kaputtgeschrieben worden. Dadurch hatte sie auch intern überhaupt keine Rückendeckung mehr. Wie soll sie denn da Fuß fassen? Es gab Kritikpunkte, sicherlich, aber ab einem bestimmten Punkt hatte sie gar nicht mehr die Chance, sich zu verbessern, das konnte nicht mehr gutgehen. Und das ist das Ungerechte dabei. Jeder sollte eine echte Chance bekommen, sich reinzufinden. Aber es ist schon Tradition im Sportstudio: Egal, wer da kommt – sie wird niedergewalzt von der Presse.«

Ines Reichelt, Sächsische Zeitung: »Ich habe meistens ausgeschaltet. Ich mochte die Art nicht, wie sie sich mit den Fußballspielern unterhalten hat: Ständig ist sie ihnen ins Wort gefallen, und selten hat sie auf eine Situation reagiert. Auf der anderen Seite mußte sie ja immer nervöser werden, weil sie unter permanenter Beobachtung stand. Und unmöglich fand ich auch die Art und Weise, wie sie in der Öffentlichkeit schlecht gemacht wurde von Kollegen aus ihrer eigenen Redaktion, und dann noch anonym. Warum hat da nicht einer das Kreuz und sagt ihr das persönlich? So etwas in der Öffentlichkeit auszutragen, das finde ich einfach würdelos.«

Sabine Töpperwien

»Fußball-Journalist (weiblich)«

Sabine Töpperwien, 34, ist die einzige Frau im öffentlich-rechtlichen Hörfunk, die live von den Fußballspielen der 1. Herren-Bundesliga berichtet. Seit fünf Jahren ist die Sportreporterin samstags nachmittags bundesweit auf allen Sendern zu hören. Unter der Woche moderiert sie aus dem Studio die Sportsendungen des Westdeutschen Rundfunks (WDR).
Die Diplom-Sozialwirtin begann ihre Karriere 1985 beim Norddeutschen Rundfunk (NDR) und wechselte 1989 zum WDR nach Köln. Sie kommentierte 1989 als erste Frau ein Fußballspiel live im Fernsehen, das Halbfinale der Frauenfußball-Europameisterschaft Deutschland gegen Italien. Als erste Hörfunk-Frau berichtete sie im vergangenen Jahr von der Fußball-Weltmeisterschaft der Männer aus den USA.
Sabine Töpperwien stammt aus Osterode in Norddeutschland. Ihre Fußballeidenschaft ist familiär bedingt: Vater Ludwig und Mutter Ursula nahmen ihre Kinder Sabine und Rolf regelmäßig mit zu den Heimspielen des VfR Osterode. Ihr Bruder Rolf Töpperwien, Fußballjournalist beim ZDF, wurde für seine um zehn Jahre jüngere Schwester zum beruflichen Vorbild.

Frau Töpperwien, der Bundesliga-Trainer Otto Rehhagel soll Ihnen einmal ein Interview verweigert haben mit den Worten: »Schicken Sie lieber Ihren Bruder«. Stimmt das?
»So ist das immer wieder geschrieben worden, aber es war etwas anders. 1987 oder 1988 hat er eine Interviewanfrage von mir etwas schroff abgelehnt und gesagt: ›Wenn Sie Fragen haben, stellen Sie sie bitte auf der Pressekonferenz.‹ Da war ich schon etwas sauer. Und daraufhin hat er in einem ›Hör Zu‹-Interview gesagt, wenn er die Wahl hätte, mit mir oder meinem Bruder zu sprechen, dann würde er lieber mit Rolf reden.«
Haben Sie ihn je wieder darauf angesprochen?
»Rolf hat einen sehr guten Draht zu ihm, er hat ihn unter vier Augen danach gefragt. Otto Rehhagel konnte sich gar nicht mehr

genau entsinnen, auf jeden Fall hat er sich sofort entschuldigt und betont, daß ich mich natürlich immer an ihn wenden könne. Inzwischen ist das alles kein Problem mehr. Auch seine Frau Beate kam einmal zu meinem Bruder und machte ihm gegenüber mir ein Kompliment. Nein, das ist wirklich aus der Welt geräumt, eigentlich war es ja nur eine Kleinigkeit.«

Hatten Sie je Probleme mit Spielern oder Trainern?

»Es hat mich noch nie einer stehenlassen, wenn Sie das meinen. Christoph Daum war zu Anfang seiner Kölner Zeit etwas kurz angebunden, er hat mir auch eher süffisante Antworten gegeben. Nach dem Motto: ›Sie stellen mir doch nicht ernsthaft Fragen zum Fußball?‹ Im Laufe der Zeit hat sich das aber gegeben, da macht auch jeder Trainer seinen eigenen Prozeß durch.«

Sabine Töpperwien, Fußball-Journalistin im Hörfunk.

Fußball im Radio ist eine absolute Männerdomäne, dort gab es nie zuvor eine Frauenstimme. Haben sich die Hörerinnen und Hörer anfangs nicht sehr gewundert?

»Ich muß sagen, die Hörerreaktionen waren sehr heftig, damit hatte ich nicht gerechnet. Allerdings hielten sich positive und negative Stimmen die Waage. Und irgendwie hat es mir damals auch Kraft gegeben, daß nie einer so Dinge sagte wie: ›die hat keine Ahnung‹ oder ›die hat Schalke 06 gesagt‹ oder so, daß also nie meine Fachkompetenz bemängelt wurde. Negative Stimmen gingen immer in die Richtung: ›wie kann der WDR mit dem legendären Kurt Brumme nur eine Frau ans Mikrofon lassen. Die soll doch lieber in der Küche bleiben und sich um die Kinder kümmern.‹«

Wie haben Ihre Kollegen reagiert?

»Mein Chef Dietmar Schott stand immer hinter mir, vor allem bei Kritiken dieser Art. Einmal bemängelte jemand, daß ich statt 25 000 Zuschauern nur 20 000 angegeben hätte. Da hat er laut gelacht. Er meinte damals, wenn das der einzige Fehler sei, daß sich die Reporterin nach fünf Minuten im Stadion bei den Zuschauern etwas verschätzt, dann sei der Rest wohl in Ordnung gewesen.«

Und was sagen die anderen Männer in Ihrer Redaktion?

»Ich werde vollkommen gleich behandelt, bin genauso im Fußballtopf wie die anderen auch. Die Kollegen akzeptieren mich seit einiger Zeit ohne Vorbehalte. Früher war das schon manchmal etwas problematisch. Anfangs mußten sie sich auch erst an mich gewöhnen, ich war eben die einzige Frau in der Redaktion, war viel jünger und wollte trotzdem das gleiche machen wie sie. Aber auch ein Mann hätte als Newcomer diese Probleme gehabt, denke ich. Heute geht es wirklich vollkommen gerecht zu, ich fühle mich auch menschlich sehr wohl. Nein, ich habe wirklich nicht vor, in nächster Zeit diesen Laden zu verlassen.«

Beim NDR war das etwas anders. Dort wollte man sie unbedingt für die Rhythmische Sportgymnastik gewinnen.

»Ja, ja. Ich wurde auf der Konferenz nach meinen Fachgebieten gefragt, und dann habe ich eben geantwortet: ›Fußball. Das ist meine Welt und damit bin ich groß geworden. Und Tischtennis, das habe ich bis hinauf in die 2. Bundesliga selber gespielt. Alles, was sich um den Ball dreht, das kann ich.‹ Die Herren haben mich völlig entgeistert angeguckt, Fußball und Frauen, das passe doch nicht. Aber wenn ich zur Rhythmischen Sportgymnastik gehen wolle und mich richtig dahinterklemmen würde, dann könnte ich bestimmt in zwei Jahren schon bundesweit berichten und auch zu Internationalen Wettkämpfen gehen.«

Und, waren Sie bei der Rhythmischen Sportgymnastik?

»Nein. Ich habe gesagt: ›Davon habe ich erstens keine Ahnung und zweitens interessiert mich das auch nicht.‹ Von Anfang an war mir klar, daß ich mich nicht in die Frauenecke reindrängen lassen darf, weil man dort nie wieder herauskommt. Hopp oder Top – das war meine Devise. Entweder ich mache diesen Job so wie ich ihn will, oder überhaupt nicht. Zu dieser Zeit hatte ich außerdem an der Uni ein zweites Standbein, ich hatte damals ein Stipendium bekommen und war dabei, meine Dissertation zu schreiben. In meinem Herzen wollte ich schon Sportjournalistin werden, aber ich war dem Sender nicht ausgeliefert.«

Sie mußten Ihre Rechte einfordern. Gerade für eine junge Frau ist das nicht einfach.

»Es ist ein unbequemer Weg, aber der Erfolg hat mir letztlich recht gegeben. Heute gibt es ja mehrere Sportjournalistinnen bei den Radiosendern, irgendwie ist das jetzt normaler geworden, und einige würden auch gerne vom Fußball berichten. Aber aus Angst vor Konsequenzen fordern sie es nicht, sondern sind heilfroh, überhaupt etwas machen zu dürfen und drei Minuten auf Sendung zu sein. Ich meine, ich habe 1989 als erste Frau über ein Bundesligaspiel berichtet, und heute bin ich immer noch die einzige. Das spricht doch für sich.«

Aber eine Frau hat es doch im Fußballjournalismus extrem schwer, das kann man mit vielen Beispielen belegen.

»Ich wehre mich immer ein bißchen gegen die Theorie, daß die bösen Männer die Frauen nicht in den Fußball-Journalismus hereinlassen. Es gibt einfach auch wenig Frauen, die bereit sind, diesen Job zu ihrem Lebensinhalt zu machen und den langen Weg zu gehen. Man berichtet nicht von heute auf morgen von einem Bundesliga-Spiel, auch nicht als Mann. Das habe ich an meinem Bruder gesehen und auch bei mir selbst: Ich bin stolz darauf, diesen Job von der Pike auf gelernt zu haben.«

Hat Ihnen der Name »Töpperwien« in Ihrem Beruf genützt?

»Natürlich war der Name von Vorteil, aber es hieß auch oft: ›Mein Bruder hat …‹ Gar nichts hat mein Bruder, ich habe es immer alleine gemacht. Und das hat Rolf auch von Anfang an zu mir gesagt: ›Ich stehe dir mit Rat und Tat zur Seite, aber da mußt du selber durch.‹ Ich habe 1985 beim NDR angefangen und hatte ständig Angst, daß das Rotlicht angeht und mir nichts einfällt. Ich mußte mir jedes Wort aufschreiben. Später durfte ich von Oberliga-Spielen am Telefon einen Drei-Minuten-Bericht abliefern und die nächste Stufe war dann ein Live-Reportage am Telefon aus der Zweiten Liga in Meppen. Dann stellten sie mir schließlich ei-

nen Ü-Wagen hin undsoweiter. Von 1986 bis 1989 ging alles peu à peu.«
Immerhin haben sie nach vier Jahren Ihr erstes Bundesliga-Spiel übertragen.
»1989 durfte ich beim NDR zwar zum ersten Mal ein Bundesligaspiel übertragen, St. Pauli gegen den Hamburger SV, aber das war aus politischen Erwägungen heraus zustande gekommen. Damals stand mein Wechsel zum WDR schon fest, und es war klar, daß ich dort als Bundesliga-Reporterin eingesetzt werden würde. Aber die erste Reporterin beim Fußball sollte eben vom NDR kommen. Deshalb haben sie mir dieses Spiel gegeben.«
War's schlimm beim ersten Mal?
»Oh, es war toll. Viele Leute kamen zu mir und haben mich gelobt, ›gut gemacht, Sabine.‹ So etwas gibt Kraft, da können andere ruhig rumnörgeln, das ist mir dann auch egal.«
War das erste Spiel gleich der Durchbruch für Sie?
»Ich kam dann 1989 nach Köln und wurde von meinem Chef erst langsam an meine Aufgaben herangeführt. Zuerst bin ich privat in die Stadien gefahren, um die Örtlichkeiten und die Wege kennenzulernen. Ab der Saison 1990/91 wurde ich als Bundesliga-Reporterin eingesetzt, zuerst bei Spielen mit weniger Schaltungen und später auch bei wichtigen Spielen. Aber das ging alles schrittweise, das war bei mir nicht so wie bei anderen Frauen, die nie in ihrem Leben diesen Beruf richtig ausgeübt haben und dann das Aktuelle Sportstudio moderieren sollen.«
Sie meinen die Sportmoderatorin Christine Reinhart, die nach schlechten Kritiken ihren Platz im Aktuellen Sportstudio geräumt hat. Haben es Fernsehfrauen noch schwerer?
»Also mich zieht es nicht zum Fernsehen. Ich habe das Gefühl, daß man als Frau beim Fernsehen nur in bestimmten Rollen eingesetzt wird: entweder als Moderatorin oder als Reporterin in Sportarten, für die sich die etablierten Männer nicht interessieren. Beim Radio aber bin ich Journalist – in Klammern: weiblich – und arbeite genauso wie meine männlichen Kollegen. Das entspricht meiner Berufsauffassung.«
Sie berichten seit fünf Jahren aus der Bundesliga. Macht's noch Spaß?
»Fußball im Radio, das fasziniert mich wie am ersten Tag. Bei den Live-Übertragungen im Radio, da sind die Anforderungen dermaßen hoch, das ist wirklich mit keiner anderen Sportart zu ver-

gleichen. Ich habe so viel Routine dadurch bekommen, daß ich das Gefühl habe, jede Moderation oder Reportage von anderen Sportarten ohne Probleme bewältigen zu können. Bei einem Handballspiel zum Beispiel, da bin ich maximal drei Mal auf dem Sender. Aber beim Fußball, das ist Powern ohne Ende, da kann ich manchmal kaum Luft holen zwischen den Einblendung. Und bei der Konferenzschaltung sind alle Mikrofone offen, jeder, der etwas sagt, ist sofort auf dem Sender. Man muß sich total konzentrieren, erstens auf das Spiel und zweitens auf die anderen Stadien. Nach etwa 60 Sekunden gibt man das Wort wieder weiter, und man muß natürlich wissen, wohin. Dann sind drei Spiele schon zu Ende, und die anderen laufen noch, das muß man alles mitkriegen.«

Haben Sie Hilfsmittel in der Sprecherkabine, oder sind Sie mit Ihrem Mikrofon alleine?

»Wir haben keinen Assistenten und keinen Fernsehmonitor, das ärgert mich manchmal. Bei strittigen Szenen gibt es im Fernsehen acht Zeitlupen, jeder kann sehen, wie es wirklich war. Aber ich habe nur meine zwei Augen, nach einer umstrittenen Szene muß ich sofort entscheiden, wie ich das kommentiere. Und in manchen Stadien sind die Kabinen so weit vom Spielfeld entfernt, daß man die Spieler kaum erkennen kann. Bei Schalke zum Beispiel ist das der Fall, deshalb fährt da auch keiner so gerne hin. Wir nennen die Kabine immer nur ›das Vogelnest‹. Wohingegen wir alle bedauern, daß der VFL Bochum abgestiegen ist, schon wegen der guten Arbeitsbedingungen.«

Das ist ein enormer Streß, wie lange wollen Sie sich das noch antun? Mit Tischtennis, Hockey und Eiskunstlauf haben Sie ja noch andere Standbeine.

»Ich habe mein Hobby zum Beruf gemacht, und ich würde das niemals aufgeben. Fußball ist für mich dabei das Tüpfelchen auf dem i. Das ist genau mein Ding, eine große Herausforderung. Wenn ich samstags die Bundesliga-Berichterstattung hinter mir habe und nach Hause komme, fühle ich mich so richtig wohl. Dann bin ich ausgepowert, aber zufrieden. Es gibt keinen anderen Abend, an dem ich so glücklich und erfüllt bin von meinem Beruf wie samstags. Vom Fußball zu berichten, das ist eine solche Aufregung und ein wahnsinniges Erlebnis, das ist mit nichts zu vergleichen. Außerdem gibt es für mich immer wieder neue Erlebnisse, im vergangenen Jahr war ich bei der WM, dann kamen die Europapokal-Spiele dazu, das ist abwechslungsreich.«

Haben Sie einen Lieblingsverein?
»In beruflicher Hinsicht ist das Borussia Dortmund, das Westfalenstadion hat einfach die tollste Atmosphäre. Da springt der Funke über, da kochen die Emotionen hoch. Und genau das wollen wir als Radioreporter ja transportieren, das ist unter diesen Bedingungen natürlich einfacher als in Uerdingen vor nur 10 000 Zuschauern. Nichts gegen die Uerdinger, aber als Reporter hat man es dort einfach schwerer.«

Als die Deutsche Meisterschaft entschieden wurde, waren Sie gerade bei der Frauenfußball-WM in Schweden. Haben Sie die Aufregung hier mitgekriegt?
»Es war schön in Schweden, aber an diesem Tag bin ich herumgelaufen wie Falschgeld. Alle Viertelstunde habe ich in Deutschland im Studio angerufen, das hat die bestimmt genervt, aber das mußte sein. Und ab 17.10 Uhr habe ich es überhaupt nicht mehr ausgehalten, ich habe bei meiner Mutter angerufen, und sie mußte für mich den Hörer auf's Radio legen. Die Tore allein, das reichte mir nicht, ich wollte auch noch hören, wie die Schale übergeben wurde. Egal, wie hoch die Telefonrechnung später sein würde.«

Und sind Sie zufrieden mit dem Ausgang?
»Sehr. Borussia Dortmund war über die ganze Saison gesehen die beste Mannschaft, und diese Region hat es auch verdient, mal wieder eine Deutsche Meisterschaft zu feiern. Und besonders schön fand ich auch, daß mein persönlicher Lieblingsverein dazu beigetragen hat, daß Dortmund Deutscher Meister wurde.«

Oh, Sie sind ein Bayern-Fan?
»Das war ich schon immer. Meine Familie ist ja fußballbegeistert, mein Vater hielt zu Gladbach, die Mutter zum HSV und mein Bruder Rolf war Fan von Eintracht Braunschweig. Die haben damals noch in der Ersten Liga gespielt, und für uns war das die einzige Möglichkeit, in der Umgebung hochklassigen Fußball zu sehen. Da sind wir oft zusammen hingefahren. Aber trotzdem wurde ich schon mit elf, zwölf Jahren eine Bayern-Anhängerin, so mit rot-weißer Bettwäsche und allem drum und dran. Und dabei ist es auch geblieben, Sie müßten mal mein Büro sehen!«

Frau Töpperwien, Sie sind 34 Jahre alt. Denken Sie nicht manchmal daran, eine Familie zu gründen?
»Ich hatte eine sehr glückliche Kindheit und hänge sehr an meiner Familie. Wenn ich selber ein Kind hätte, würde ich das

ähnlich gestalten wie meine Eltern und mir viel Zeit nehmen dafür. In meiner jetzigen Situation hieße das aber Abstriche zu machen von meinem Beruf, denn zwei Dinge halbherzig machen, das will ich nicht. Und bei mir steht der Job an oberster Stelle, jedenfalls im Moment. Man soll ja nie nie sagen, wenn mir eines Tages der Traummann über den Weg läuft, entscheide ich mich vielleicht anders.«

Ihre Mutter ist ja sehr fußballinteressiert. Verfolgt sie Ihre Berichterstattung?

»Meine Mutter hat ein sehr engagiertes Leben. Nachmittags muß sie von mir alles hören und abends von Rolf alles sehen. Und dann rufe ich an, Rolf ebenfalls, und sie muß zu allem ihre Meinung sagen. Da ist sie auch immer sehr ehrlich.«

Telefonieren Sie auch oft mir Ihrem Bruder?

»Wir telefonieren jede Woche. Das ist einfach toll, einen Menschen zu haben, der eine solche fachliche Kompetenz vorzuweisen hat und mir menschlich so nahe ist. Wo kann man denn sonst eine ernsthafte Kritik herbekommen? Entweder die Leute beschweren sich, oder sie sind nicht ehrlich.«

Also stimmt es doch, daß Sportjournalisten Einzelkämpfer sind?

»Nicht nur Journalisten, das ist doch typisch für unsere Leistungsgesellschaft. Egal in welchem Beruf, wer hoch hinaus will, muß alleine kämpfen. Aber mir liegt das irgendwie, ich war schon als Studentin so. Ich habe nie in einer Wohngemeinschaft gelebt und nur selten in einer Arbeitsgruppe gelernt.«

Würden Sie sich denn für andere Frauen im Fußball-Journalismus stark machen?

»Der Trend geht ja eindeutig dahin, daß immer mehr Frauen bei Zeitungen und Agenturen über Fußball berichten. Und auch im Fernsehen und im Radio haben einzelne Frauen sich durchgesetzt und den Weg gezeigt. Es liegt jetzt an den Frauen, die nachkommen, etwas daraus zu machen. Für mich ist das nur eine Frage der Zeit, wann Frauen im Fußball-Journalismus eine Rolle spielen werden. Jedenfalls freue ich mich schon auf den Tag, an dem ich in unserer Konferenzschaltung an eine Kollegin abgeben werde.«

»Dieda«

Die erste und einzige Frauenfußball-Zeitschrift

Wenn sich Monika Koch-Emsermann erst so richtig in Rage geredet hat, dann kriegt jeder sein Fett ab. Selbst die Fußballfrauen, auf die sie sonst nichts kommen läßt. »Das Magazin finden sie alle toll, und jede will es haben – aber dann ist es ihnen zu teuer, und eine kauft es, und 30 lesen es«, klagt die Verlegerin der ersten und einzigen Frauenfußball-Zeitschrift »Dieda«. »Und wenn es dann wieder eingestellt wird, dann jammern wieder alle.«

Sie hatte sich so viel versprochen von dieser Idee, die Abhängigkeit von denen am Frauenfußball grundsätzlich desinteressierten Sportmedien hinter sich zu lassen und nur für ihren Sport ein eigenes Blatt zu machen. Und was tun die Fußballerinnen? Nörgeln. »Ich finde es gut, daß es so eine Zeitschrift gibt«, sagt beispielsweise Birgit Prinz vom FSV Frankfurt, »aber viele Themen interessieren mich einfach nicht. Und dann ist sie auch zu teuer.« Wenn sie so etwas hört, da könnte die temperamentvolle Koch-Emsermann schon wieder platzen.

Sie kann ihre »Dieda« nicht billiger machen, und sie will es auch gar nicht. Hochglanz, findet sie, muß sein. Und sieben Mark fünfzig, alle drei Monate, das ist doch nicht zuviel! »Ich kann nicht irgendein Blättchen machen, gerade der Frauenfußball kann sich das nicht leisten«, argumentiert sie, »beim Männerfußball ist das egal, den ›Kicker‹ könnte man auch auf Klopapier drucken.« Wo sie recht hat, hat sie recht.

Aber davon wird Monika Koch-Emsermann auch nicht reicher. 35 000 bis 40 000 Mark kostet die Produktion einer »Dieda«, nur die Hälfte ist mit Werbung abgedeckt. »Auf der Suche nach Anzeigenkunden rennt man gegen eine Betonwand«, sagt sie, »es sei denn, ich fahre überall persönlich hin.« Wenn sie es erst einmal geschafft hat, bis zu dem entscheidenden Menschen vorzudringen, dann ist ihr die Anzeige so gut wie sicher: »Von zehn Terminen schließe ich neun erfolgreich ab.«

Wenn sie nur die ganze Zeit mit ihrem Köfferchen durch die Gegend fahren könnte, das wäre gut. Aber dazwischen macht sie auch noch das Blatt, plant und redigiert zusammen mit zwei Kollegen die Geschichten. »Das Layout lassen wir machen, das ist alles«, sagt die Journalistin und Herausgeberin in Personalunion. Das verlegerische Grundwissen hat sich Monika Koch-Emsermann selber beigebracht: »Wenn man nicht ganz auf den Kopf gefallen ist, kann man das alles lernen.« Mit Begriffen wie ›Litho‹ oder ›Spaltenbreite‹ hat die Self-made-Journalistin keinerlei Probleme mehr. Und die achte »Dieda«-Ausgabe wird in neuer Rekordzeit redigiert. Und trotzdem, vielleicht war das ganze letztendlich doch eine Schnapsidee. Von 30 000 Heften Auflage verkauft sie 10 000, 3 000 davon sind Abonnements, 500 nimmt ihr der DFB ab. Von den in Deutschland existierenden 4 700 Teams erreicht sie nur 300, die in ihren Vereinen den Vertrieb für die »Dieda« übernehmen. Koch-Emsermann: »Vielleicht 20 Prozent der am Frauenfußball interessierten Menschen in Deutschland wissen von der Existenz der ›Dieda‹, mehr nicht.« Einen Werbespot zu schalten aber ist zu teuer, das geht auch nicht.

»Dieda«-Herausgeberin Monika Koch-Emsermann (rechts) und ihr Chefreporter Rainer Hennies.

Und was nun? »Ich hänge es nicht gleich an den Nagel«, sagt sie, »dann erscheint die nächste Ausgabe eben ein bißchen später.« Zehn Jahre lang hat die ehemalige Trainerin und ›Macherin‹ des FSV Frankfurt den Gedanken an eine überregionale Frauenfußball-Zeitschrift mit sich herumgetragen. »Die Idee hatte ich, als wir damals um die Deutsche Meisterschaft spielten, da gab es noch keine Bundesliga, nur Regionalligen«, erinnert sie sich zurück, »wir wußten nichts über unsere Gegnerinnen, gar nichts. Kamerun hätte nicht weiter weg sein können!« Als Monika Koch-Emsermann 1993 als Trainerin zurücktrat, weil sie sich nach 23 Jahren im Frauenfußball »total verbeamtet gefühlt hat«, da wurde sie kurzerhand Verlegerin. Von heute auf morgen.

Und ihr Heft ist gar nicht schlecht – beeindruckend gestaltet auf jeden Fall. Und exklusiv, da die anderen Medien ihr beim Thema ›Frauenfußball‹ keinerlei Konkurrenz machen. Das Problem ist nur: Wer nur alle drei Monate mit einer Zeitschrift herauskommt, hat normalerweise veraltete Fakten im Blatt. »Klar ist das unbefriedigend«, sagt Monika Koch-Emsermann, »normalerweise müßten wir monatlich erscheinen, und so war es ja auch geplant.«

Mit einer knappen Bundesliga-Berichterstattung und dem Schwerpunkt auf Hintergrund-Berichten und Portraits versucht sie, das Beste aus ihren materiellen und zeitlichen Engpässen zu machen. »Aus den unteren Klassen können wir nur halbwegs kontinuierlich berichten«, stöhnt sie, »ich kann mir nicht die Mühe machen und alles selber recherchieren.« Für die Bundesliga-Nord hat »Dieda« den Frauenfußball-Experten und Journalisten Rainer Hennies zum Chefreporter gemacht. Aus dem Ausland bringt er interessante Reportagen mit, die sonst garantiert nirgends zu lesen sind. »Dieser Mann ist wirklich für den Frauenfußball von unschätzbarem Wert«, findet Monika Koch-Emsermann, »er ist der einzige Journalist, der wirklich umfassende Kenntnisse von diesem Sport hat.«

Die Bundesliga-Süd betreut Matthias Kittmann, der normalerweise in der Frankfurter Rundschau veröffentlicht. »Aber außer diesen beiden ist es schwierig, Journalisten zu finden, die regelmäßig für ›Dieda‹ berichten.« Farbfotos vom Frauenfußball, wie sie in der »Dieda« veröffentlicht werden, sind auch nur extrem schwer aufzutreiben. Überhaupt ist alles problematisch, wenn man es ganz alleine macht. Monika Koch-Emsermann vermißt bei den anderen den Pioniergeist.»Alle müßten hier mithelfen. Die Vereine müßten in ihren Stadionblättchen Werbung machen für die ›Dieda‹, und die deutsche Wirtschaft sollte endlich anfangen, im Frauenfußball auch etwas Gutes zu sehen.« Und die Spielerinnen sollten aufhören zu jammern über die paar Mark fünfzig, denn das macht Monika Koch-Emsermann wirklich langsam krank.

Begleiten

Karin Sammer

»Ehrlich, ich vermisse nichts«

Karin Sammer, 27, ist aufgewachsen in Neckargröningen bei Stuttgart. Sie absolvierte eine Ausbildung zur Kosmetikerin und arbeitete danach in Esslingen. Ihren Mann Matthias Sammer lernte sie 1990 kennen, als dieser von Dynamo Dresden zum VfB Stuttgart wechselte. Karin Sammer begleitete ihren damaligen Freund nach Italien, wo der Fußball-Profi und Nationalspieler ein halbes Jahr für Inter Mailand spielte. Danach wechselte er zu Borussia Dortmund, die Familie Sammer lebt seither im benachbarten Herdecke. Seit 1993 sind Karin und Matthias Sammer verheiratet, sie haben zwei Kinder: Tochter Sara (dreieinhalb Jahre) und Marvin-Matthias (vier Monate). Karin Sammer ist die Frau eines der bekanntesten deutschen Fußballer.

Frau Sammer, gerade ist Borussia Dortmund Deutscher Meister geworden. Jetzt können Sie ja frohgelaunt mit der ganzen Familie in Urlaub fahren.
»Nein, nein, von Montag bis Samstag ist Matthias noch mit der Nationalmannschaft unterwegs, danach haben wir vierzehn Tage Urlaub. Und dann geht es beim Verein schon wieder mit dem Training los.«
Eine eher kurze fußballfreie Zeit, oder?
»Ja, das stimmt. Aber es ist eben so, daß der Fußball unser Leben bestimmt. Bei Nationalspielern ist das noch extremer als bei anderen Profis, weil die Lehrgänge an spielfreien Wochenenden oder außerhalb der Saison stattfinden.«
Fußball ist das Leben Ihres Mannes, interessieren Sie sich auch dafür?
»Früher überhaupt nicht, Fußball fand ich nicht interessant. Mein Vater saß samstags immer vor dem Fernseher, hat sich dreimal hintereinander in den verschiedenen Programmen die Bundesliga-Spiele angeschaut. Die Weltmeisterschaften habe ich auch gesehen. Da traf sich damals in Neckargröningen die ganze

Straße, wo wir zusammen die Spiele angeschaut haben. Aber das war auch alles.«
Und heute?
»Heute gehe ich natürlich ins Stadion, egal ob Bundesliga oder UEFA-Cup oder sonstwas. Ich bin richtig euphorisch, ganz schlimm.«
Jetzt spielt ja auch Ihr Mann mit.
»Ich gehe da ja nicht hin, um die ganze Zeit meinen Mann anzuschauen. Am Anfang war das zwar so, klar, aber mittlerweile versuche ich wirklich, das Spiel zu verstehen. Ich will wissen, wann war abseits und warum gab es Elfmeter, alles eigentlich. Seit ich mit Matthias zusammen bin, habe ich immer wieder zu ihm gesagt: ›Komm, erklär mir dies und erklär mir das‹. Und er hat mir das wirklich ganz gut verständlich gemacht, was nicht heißt, daß ich jetzt eine Fußballfachfrau bin. Ich interessiere mich eben dafür, und das finde ich auch normal. Wenn ich einen Bäcker geheiratet hätte, würde ich mir auch genau erklären lassen, wie man ein Brot backt. Und wäre mein Mann Mechaniker, dann wüßte ich vieles über ein Auto.«
Kritisieren Sie auch seine Leistungen?
»Also meinen unqualifizierten Kommentar, den muß er sich jedes Mal anhören. Aber natürlich reden wir zu Hause nicht nur über Fußball. Es sei denn, mein Schwiegervater[1] ist da, dann wird wirklich nur über Fußball gequatscht. Und manchmal ist dann auch noch die Katrin dabei, Matthias' Schwester, die ist auch eine ausgesprochene Fachfrau. Dann gibt es wirklich nur noch ein Thema.«
Kommen Sie dann auch noch zu Wort?
»Och, ich dränge mich mit meinen Kommentaren einfach auf, ich kann mich da schon durchsetzen.«
Ihr Mann ist ein Fußball-Star, zumindest in Dortmund und Umgebung kennt ihn jeder. Können Sie sich überhaupt zusammen auf die Straße wagen?
»Wir verstecken uns nicht, wenn Sie das meinen. An langen Donnerstagen gehen wir oft mit der ganzen Familie in die Stadt. Natürlich werden wir viel angesprochen von den Leuten. Gestern waren wir zum Beispiel bei David Copperfield in der West-

---

[1] Der Vater von Matthias Sammer, Klaus Sammer, ist der ehemalige Trainer von Dynamo Dresden.

falenhalle, da hat sich gleich eine Riesenschlange gebildet, und alle wollten Autogramme. Aber ein Problem ist das nicht, mein Mann ist für die Fans da.«

Aber das muß doch nerven, wenn sich ständig die Leute nach einem 'rumdrehen?

»Wenn man essen geht oder ins Kino, dann schauen alle auf dich, das stimmt. Du kannst nie so schmatzen wie Frau Müller, so richtig relaxed bist du nie. Aber für mich ist das alles so normal geworden. Manchmal denke ich, wenn Matthias einmal aufhört Fußball zu spielen, wird das eine riesige Umstellung sein. Vielleicht fehlt mir dann sogar was.«

Haben Sie sich noch nie gewünscht, Ihr Mann hätte einen anderen Beruf gewählt?

»Klar, das habe ich auch schon gedacht. Dann wäre das Leben etwas ruhiger, auch für die Kinder. Für Sara ist das auch nicht immer einfach. Auf der anderen Seite muß man auch die Vorteile sehen. Zum Beispiel wollte meine Mutter gerne das Musical ›Miss Saigon‹ sehen, über meinen Mann hatte ich die Pressesprecherin kennengelernt, und so haben wir auch Karten bekommen können.«

Profi-Fußballer sind Großverdiener, spüren Sie nicht auch viel Neid?

»Ich sage immer: Neider muß man sich hart erarbeiten. Natürlich muß ich mir auch manchmal Sprüche anhören, vor allem wenn es sportlich nicht so läuft. Dann sagen die Leute, schaut euch die Profis an, die haben die Geldsäcke auf dem Rücken, deshalb können die nicht richtig rennen. Aber damit müssen wir leben. Wenn ich direkt darauf angesprochen werde, antworte ich immer: Sie hatten auch die Chance, Sie hätten auch Fußball-Profi werden können.«

Rasten Sie niemals aus, wenn so richtig böse geschimpft wird?

»Das darf ich einfach nicht. Obwohl ich manchmal durchdrehen könnte auf der Tribüne. Wenn zum Beispiel Dortmund mit 0:2 hinten ist und dann einige absichtlich lautstark über die Spieler lästern, weil die wissen, wir sitzen da und können es hören, das nervt mich extrem. Die haben nicht die Courage, uns persönlich anzusprechen, das wird einfach so in den Raum gestellt. Früher in Stuttgart habe ich mir dann richtige Wortgefechte geliefert, aber da war ich auch noch jünger. Heute bleibe ich gelassen und unterhalte mich mit Gaby Riedle[2] darüber, was ich von solchen Kommentaren halte.«

Sie können sich vor solchen Angriffen schützen, aber wie schützen Sie Ihre Kinder. Ihre Tochter Sara ist fast vier Jahre alt und geht in den Kindergarten. Bestimmt wird auch sie auf ihren Vater angesprochen?

»Mit den anderen Kindern hat sie eigentlich keine Probleme, sie geht da auch gerne hin. Schwierigkeiten gab es aber mit den Eltern, weil Sara einen Kindergartenplatz in Dortmund bekommen hat und wir in Herdecke wohnen. Das konnten einige nicht verstehen, nach dem Motto: Der Sammer hat soviel Geld, der kann sich doch einen eigenen Kindergarten kaufen. Aber was nützt mir ein Kindergarten ohne Kinder? Das ist doch Unsinn, wir möchten, daß Sara normal aufwächst, wie andere Kinder auch. Die Kindergärtnerin macht das auch toll, die geht völlig normal mit ihr um. Bei uns in Herdecke hätte Sara erst mit fünfeinhalb einen Platz im Kindergarten bekommen, das wäre nicht gut gewesen so spät, vor allem in ihrer besonderen Situation.«

Sara Sammer ist aber kein »normales« Kind. Spätestens in der Schule wird sie das mitbekommen.

»Natürlich, das wird so sein. Aber wenn jemand zu ihr sagt, dein Vater ist blöd oder dein Vater spielt schlecht, dann antwortet sie immer: ›Das weißt du doch gar nicht, den kennst du doch überhaupt nicht.‹ Wir haben ihr das versucht zu erklären, sie soll nicht mit Aggressivität, sondern mit Gelassenheit darauf reagieren. Und ich glaube, sie versteht das auch, sie ist in einem guten Alter.«

Haben Sie Angst um Ihre Kinder?

»Ich habe immer große Angst, daß mir meine Kinder abhanden kommen könnten. Wenn es nach mir ginge, würde Sara zu Hause bleiben, das wäre mir wirklich wesentlich lieber. Aber natürlich will ich meiner Tochter nicht im Wege stehen. Sie soll ihre Erfahrungen machen mit anderen Kindern, ich möchte sie nicht behindern. Aber wenn ich egoistisch handeln würde, müßte sie zu Hause bleiben.«

Bernd Schuster[3] hat für sich und seine Familie Leibwächter engagiert. Haben Sie darüber auch schon nachgedacht?

---

2 Ehefrau von Karlheinz Riedle, der auch bei Borussia Dortmund spielt.
3 Bernd Schuster ist Fußball-Profi in Leverkusen.

»Nein, das will ich nicht. Wir haben eine Alarmanlage in unserem Haus und einbruchsichere Fenster, ich fühle mich sicher. Außerdem paßt die Wach- und Schließgesellschaft bei uns auf. Bevor Marvin zur Welt kam, habe ich mich oft mit Gaby Riedle zusammengetan, wir sind nämlich beide solche Angsthasen. Wenn Matthias dann nicht da war, bin ich mit Sara zu ihr gefahren und habe dort geschlafen. Aber mit zwei Kindern ist das zuviel Umstand.«

Haben Sie viel Kontakt zu den anderen Spielerfrauen?

»Eigentlich schon. Als die Männer neulich im Trainingslager waren, habe ich mich mit Michaela Möller[4] zum Kaffee getroffen. Vor kurzem waren wir auch dort zum Grillen. Nach dem Spiel gehen wir oft zusammen essen, zu sechst oder zu acht. Natürlich geht das nicht mit allen, der eine liegt einem eben weniger und der andere mehr.«

Wie war das bei anderen Vereinen?

»In Stuttgart war das auch ganz toll, vor allem als Ursula Daum[5] da war. Zum Beispiel hatte sie für den letzten Spieltag der Saison 1991/92 einen Bus für alle Spielerfrauen organisiert, und wir sind zusammen nach Leverkusen gefahren, alle in roten Radlerhosen. Und dort ist der VfB Stuttgart dann auch Meister geworden, das war wirklich schön. Auch nach München sind wir zusammen gefahren. Und einmal im Monat hat die Ursel ein Essen für alle organisiert, sie hat sich wirklich sehr engagiert.«

Sie waren auch eine Zeitlang in Italien. Lief Ihr Leben da ähnlich ab wie hier?

»Das war schon eine unglaubliche Atmosphäre dort, die Fans in Italien verehren die Spieler richtiggehend. Wir haben dort in der Wohnung von Jürgen Klinsmann gewohnt, eine halbe Stunde vom San-Siro-Stadion entfernt, das war alles ganz gut organisiert. Nur waren wir damals noch nicht verheiratet, obwohl Sara ja schon auf der Welt war, und in Italien wurde ich als unverheiratete Frau nicht akzeptiert. Die ersten zwei, drei Mal war ich schon etwas irritiert, als die Leute nur Matthias und unsere Tochter begrüßten und mich kaum beachtet haben. Eine Italienerin hat mir das dann erklärt. Die Leute dort denken sich: Ihr habt zwar ein

---

4 Ehefrau von Andreas Möller, der ebenfalls bei Borussia Dortmund spielt.
5 Ursula Daum ist die Frau von Christoph Daum, dem ehemaligen Trainer beim VfB Stuttgart.

Kind zusammen, aber die Liebe kann so groß nicht sein, sonst würdet ihr ja heiraten. Bestimmt bleibt die Frau nur wegen des Kindes bei dem Mann.«
Fußball-Profis sind in der Regel schon mit 22 verheiratet, das sehen auch die Trainer ganz gerne. Warum haben Sie länger gewartet?
»Wir wollten zu dem Zeitpunkt eben noch nicht. Und schon gar nicht wollten wir uns das von außen vorschreiben lassen. Wir hatten nie das Gefühl, jemandem Rechenschaft darüber ablegen zu müssen, daß wir keinen Trauschein hatten. Obwohl meine Mutter das auch gerne gesehen hätte, schließlich kommen wir vom Dorf.«
Wie haben Sie sich überhaupt kennengelernt?
»Das war vor fünf Jahren, als Matthias von Dresden nach Stuttgart kam. Der Verein suchte eine Wohnung für ihn. Da meine Eltern zwei Häuser haben und mein Onkel beim VfB Stuttgart beschäftigt ist, zog Matthias in eine unserer Wohnungen. Meine Eltern haben ihn dann unheimlich umsorgt, damit er sich in Stuttgart wohlfühlt. Sie haben sich wirklich sehr um ihn gekümmert, er hatte richtig Anschluß an die Familie, schließlich kam er direkt von zu Hause und hatte noch nie zuvor alleine gewohnt.«
War das Liebe auf den ersten Blick?
»Überhaupt nicht, ich mochte ihn am Anfang nicht so. Da war wohl ein bißchen Eifersucht dabei, weil meine Eltern plötzlich all das für ihn getan haben, was ich mir eigentlich für mich gewünscht hatte. Und blöderweise habe ich ihn damals dafür verantwortlich gemacht.«
Hat Sie der Fußballer Matthias Sammer fasziniert?
»Nein, ich kannte ihn ja gar nicht als Fußballer. Ich wußte nichts vom Ost-Fußball, hatte keine Ahnung, ob er gut oder schlecht spielt. Ich wußte nicht einmal, daß er Nationalspieler war. Das war nicht so wie zum Beispiel bei Lars Ricken, wo man jetzt schon sehen kann, daß aus dem ein großer Fußballer wird. Nein, nur der Mensch Matthias Sammer hat mich interessiert.«
Sicher war Ihnen klar, daß das Leben an der Seite eines Profi-Fußballers nicht ganz leicht sein würde. Allein die vielen Umzüge aufgrund der Vereinswechsel ...
»Wir sind von Stuttgart nach Mailand und von Mailand nach Dortmund gezogen, aber das war nie ein Problem für mich. Ich wollte schon als kleines Kind woanders hin, ich wollte nie zu

Hause bleiben. Innerhalb Europas würde ich überall mit ihm hingehen.«

Läßt man nicht immer Freunde zurück?

»Natürlich, aber der Kontakt hält auch über die Entfernung, wir haben auch in Stuttgart noch Freunde. Günther Schäfer[6] und seine Frau Yvonne sind die Paten unseres Sohnes. Und in Dortmund fühle ich mich auch sehr wohl. Ich habe viele Kontakte in der Nachbarschaft, wir helfen einander, das ist wirklich ganz toll. 30 bis 40 Kinder wohnen hier in unserer Straße. Bei schönem Wetter treffen wir uns draußen, stellen uns einen Tisch zum Kaffeetrinken auf, und die Kinder spielen miteinander. Wenn Matthias nicht da ist, haben die Nachbarn immer ein Auge auf mich, und wenn wir alle weg sind, macht uns eine Nachbarin den Postkasten leer und schickt uns die Post hinterher. Und dasselbe würde ich für meine Nachbarn auch tun. Ich verleihe auch mein Auto und habe dann und wann das Haus voller Kinder, und neulich hat Matthias geholfen, einen Zaun um den Spielplatz zu bauen.«

War das von Anfang an so?

»Viele dachten wohl anfangs, Spielerfrauen seien doof und eingebildet und wundern sich jetzt, daß das nicht stimmt. Wir leben wirklich völlig normal, wir haben keine Villa und kein freistehendes Haus. Wir fahren auch keinen Porsche und keinen Ferrari, schon um den Fans keine Angriffsfläche zu bieten, wenn Matthias oder die Mannschaft mal schlecht spielt.«

Aber Sie könnten ein Luxus-Leben führen, wenn Sie wollten. Finden Sie nicht, Fußballer sind überbezahlt?

»Ein anderer Mann hat 65 Jahre, um sich seinen Lebensunterhalt zu verdienen. Für einen Fußball-Profi ist mit spätestens 35 die Karriere beendet. Er wird sein ganzes Leben mit gesundheitlichen Einschränkungen zu leben haben, ganz abgesehen von dem Risiko, vorzeitig die Karriere beenden zu müssen wie jetzt zum Beispiel Flemming Povlsen[7]. Wenn ich daran denke, wie oft Matthias nach München zur Behandlung fährt, auch an seinen freien Tagen. Aber das sehen die Leute nicht, das wollen die auch gar nicht sehen. Die gehen ins Stadion, haben dafür 50

---

6 Günther Schäfer ist Profi-Fußballer beim VfB Stuttgart.
7 Der Däne Flemming Povlsen, 29, mußte in der Saison 1994/95 nach zwei Kreuzbandrissen und einem Meniskusschaden im Knie seine Karriere beenden. Er ist Sport-Invalide.

Mark bezahlt, und dann wollen sie natürlich, daß die Spieler sich abrackern.«

Die Fans in Dortmund leiden eben, wenn ihre geliebte Borussia ein Spiel verliert.

»Oh, ich auch. Ich finde das schrecklich, ich will ebenso den Erfolg für die Mannschaft. Auch als es in Dresden jetzt so schlecht lief, fand ich das sehr schade. Wir fühlen uns Dynamo sehr verbunden, für Matthias ist das sein Zuhause. Wäre die Wende nicht gewesen, der hätte ewig in Dresden gespielt, niemals wäre er nach Chemnitz, Leipzig oder Berlin gewechselt. Wenn es irgendwie möglich ist, fahren wir dorthin, Matthias' Eltern besuchen und seine Schwester. Wir haben auch in Dresden geheiratet. Und Stuttgart interessiert mich natürlich, da ärgere ich mich auch, wenn die nicht gewinnen.«

Ist Ihr Mann auch sauer, wenn er verliert?

»Wenn ich ihn so schreien höre auf dem Platz und dann sehe, wie ruhig und ausgeglichen er zu Hause ist, dann denke ich immer: das sind zwei verschiedene Menschen. Oft sagen die Leute im Stadion zu mir, oje, wie benimmt der sich wohl zu Hause. Aber Matthias trennt Beruf und Privates völlig, der hat noch nie 'rumgeschrien oder die Türen geschmissen, so etwas gibt es bei ihm nicht. Es macht wirklich keinen Unterschied bei uns zu Hause, ob Matthias gerade 6:0 gewonnen hat oder 0:6 verloren.«

Das hört sich ja sehr harmonisch an. Gibt es nie Reibereien?

»Natürlich bringt er auch mal Probleme mit nach Hause, und dann sprechen wir darüber. Am ehrlichsten kannst du eben zu Hause sein. Auch untereinander gibt es manchmal Meinungsverschiedenheiten, das ist doch völlig normal. Er ist dann manchmal beleidigt, das kann er ganz gut. Aber angeschrien haben wir uns noch nie. Mein Vater hat da einen schlauen Satz gesagt, den werde ich bis an mein Lebensende nicht vergessen: Wer schreit und schlägt, hat noch lange nicht recht. Und irgendwie habe ich immer auf meinen Vater gehört, wir hatten ein sehr enges Verhältnis zueinander.«

Ist Matthias Sammer auch ein guter Vater?

»Ganz ehrlich, einen solchen Vater wie Matthias, den habe ich mir für meine Kinder immer gewünscht. Die Sara ist ein totales Papa-Kind, genau wie ich früher, so spiegelt sich das wider. Noch niemals hat er mit ihr geschimpft oder ihr etwa auf den Hintern gehauen. Er hat nie versucht, ihr etwas aufzuzwingen,

sondern war immer verständisvoll. Schon als sie noch ganz klein war, hat er ihr alles erklärt. Ich habe dann immer gesagt: Mein Gott, Matthias, das versteht sie doch noch gar nicht. Aber er hat sich nicht beirren lassen.«
Hat er überhaupt die Zeit, die Kinder mitzuerziehen?
»Er ist genauso beteiligt wie ich. Morgens bringt er Sara in den Kindergarten, und nach dem Training holt er sie wieder ab. Wenn er laufen geht, nimmt er sie mit, wenn er zur Behandlung fährt, nimmt er sie mit. Und wenn sie mal nicht mitdarf, ist sie total beleidigt und wartet manchmal eine Stunde am Fenster, bis er wiederkommt. Dann kuschelt Sara mit dem Papa auf dem Sofa, und die beiden spielen Graf und Gräfin. Ich bin dann die Dienstbotin und darf die Getränke bringen. Aber das stört mich nicht, ich finde das schön, daß die beiden so ein Super-Verhältnis haben. Die gehören wirklich total zusammen, da komme selbst ich nicht mehr mit.«
Kann Ihr Mann am Ende auch noch kochen?
»Weiß ich nicht, er hat es noch nie probiert, diese Prüfung hat er noch nicht abgelegt.«
Und beteiligen Sie sich umgekehrt aktiv an seinen beruflichen Aufgaben?
»Er wird ja gemanagt von Norbert Pflippen, und ich mache zu Hause dann den Rest. Ich kümmere mich um die Buchführung, um die Unterlagen für die Steuererklärung, um die Konten und die Krankenkasse – das mache ich alles abends, wenn die Kinder im Bett sind. Das ist wirklich ein 24-Stunden-Job, den ich habe. Viele denken wahrscheinlich, was hat Frau Sammer wohl groß zu tun, die hat bestimmt einen Chauffeur, eine Köchin und zwei Kindermädchen. Aber Irrtum, freitags, wenn Matthias weg ist, bügle ich den ganzen Tag.«
Es gibt Spielerfrauen, die ihren Mann managen, Angela Häßler oder Bianca Illgner zum Beispiel. Könnten Sie sich das vorstellen?
»Nein. Öffentlich würde ich nicht mitreden wollen. Natürlich diskutieren wir zu Hause alles, über einen Vereinswechsel beispielsweise würden wir ausgiebig sprechen. Aber ich würde das nicht öffentlich machen wollen.«
Warum nicht?
»Fußball ist eine Männerwelt, der Großteil der Männer kommt damit nicht zurecht, wenn eine Frau mitmischt. Sage ich einen

Satz über Fußball, werde ich belächelt. Sagt ein Mann den gleichen Satz, ist das wunderbar. Ich würde mich nie auf Diskussionen über Fußball einlassen oder mit jemandem darüber streiten. Weil das Klischee eben immer noch da ist, daß Frauen sowieso keine Ahnung haben. Deshalb halte ich mich zurück und spreche nur mit Matthias darüber, der akzeptiert meine Meinung.«
Ihr Mann ist ein Fußball-Verrückter, er lebt Fußball. Fühlen Sie sich nie vernachlässigt?
»Es stimmt, Fußball ist für Matthias alles, aber Gesundheit und Familie stehen noch darüber. Deshalb ist er auch nicht zum Länderspiel gefahren, als Marvin geboren wurde. Ich habe das nicht gefordert, es kam von ihm selbst. Er hat sich gesagt, du wirst in deinem Leben vielleicht nur zwei Mal Vater, aber Länderspiele hast du viele. Und der Bundestrainer hatte auch vollstes Verständnis, das war überhaupt kein Thema, zumal es auch um nichts ging in dem Spiel. Von der Weltmeisterschaft in Amerika wäre er wahrscheinlich kaum zurückgeflogen.«
Stefan Reuter, ein Mannschaftskollege Ihres Mannes, hat einmal über Matthias Sammer gesagt: »*Matthes macht sich Tag und Nacht Gedanken über Fußball, der wird später bestimmt Trainer.*« *Glauben Sie das auch?*
»Das glaube ich auch. Matthias kann ohne einen Ball am Fuß nicht leben, das ist schon fast eine Besessenheit. Er sieht sich auch alle Fußballspiele im Fernsehen an, auf allen Kanälen. Ob spanische oder italienische Liga, er kennt alle Mannschaften und jeden Spieler.«
Und was ist mit Ihnen, haben Sie nicht 'mal die Schnauze voll vom Fußball?
»Wir haben einen zweiten Fernseher, ich könnte ausweichen, aber meistens schaue ich schon mit. Und Sara auch manchmal, am liebsten, wenn der Papa mitspielt. Wir haben ein Bild der Nationalmannschaft. Sie kennt jeden Spieler mit Namen.«
Das muß sie eigentlich auch, als Kind des Ruhrgebiets. Dort kennen schon Vierjährige die Mannschaftsaufstellung von Borussia Dortmund und waren schon mindestens einmal im Stadion.
»Sara würde auch am liebsten mitkommen, aber ich will das nicht. Das ist das einzige Mal in vierzehn Tagen, wo ich allein sein möchte. Dann kommt unser Kindermädchen, die Steffi, und ich gehe um zwei Uhr ins Stadion. Dort setze ich mich hin, trinke

in aller Ruhe einen Kaffee und lese ein bißchen Zeitung – das ist meine Entspannung. Einmal in zwei Wochen, ich glaube, das ist nicht zuviel.«

Würden Sie sagen, Sie haben ein glückliches Leben?

»Ja, es hört sich alles zu perfekt an, nicht? Aber es ist so. Ich habe früher als Kosmetikerin gearbeitet, aber jetzt habe ich meine Kinder, und für die möchte ich da sein. Ich hatte damals meine Eltern nicht für mich alleine, die hatten in Stuttgart zwei große Tanzlokale und waren beruflich eingespannt. Schon damals wußte ich, daß ich später für meine Kinder immer da sein will. Ehrlich, ich vermisse nichts.«

Matthias Sammer, Fußball-Profi, mit Frau Karin und Tochter Sara.

Angelika Schäfer

»Ich gebe überall meinen Senf dazu«

Neulich in der Oper. Der Karlsruher Fußballtrainer und Opern-Fan Winfried Schäfer nutzt wieder einmal das Auswärtsspiel in Dresden zu einem Besuch in der Semperoper.

»Guten Tag, das ist ja nett, daß wir Sie hier treffen.« Die älteren Damen sind ganz aus dem Häuschen über die unverhoffte Begegnung mit dem prominenten Herrn. »Könnten wir nicht ein Autogramm von Ihnen haben?«

Winfried Schäfer kramt in seinem Jackett, hat wieder einmal keine Autogrammkarten dabei, entschuldigt sich ein paar Mal und verabschiedet sich höflich. Beim Weggehen kann er noch hören, wie die eine zur anderen sagt: »Ach, ist das nicht nett, daß wir hier den Peter Hoffmann persönlich getroffen haben …«

Über diese Episode kann Angelika Schäfer so richtig herzlich lachen, obgleich ihr Mann Winfried »ganz frustriert war danach« und mit Helden-Tenor Hoffmann höchstens die Haarpracht gemeinsam hat. Sie liest auch gerne die »Sport-Bild« und den »Kölner Express«. »Das ist so reißerisch, das kommt mir sehr entgegen«, flachst sie, »welcher Trainer gerade mit wem Streit hat und den ganzen Klatsch und Tratsch. Das ist meine primitive Seite.« Mit der »Gelassenheit der Jahre« verfolgt die 45jährige Angelika Schäfer, was die Boulevardpresse über die Fußball-Bundesliga wieder Neues ausgegraben hat. Ernstnehmen kann sie es nicht: »Dann könnte ich mir ja gleich einen Strick kaufen.«

Wenn Angelika Schäfer nicht gerade Klatschspalten liest, dann mischt sie sich garantiert irgendwo ein. Weder der KSC-Präsident Roland Schmider noch der Verwaltungsratsvorsitzende Wernfried Feix sind vor dieser Frau sicher. »Jeder ist mal dran, das kriegt nicht nur mein Mann ab. Ich gebe überall meinen Senf dazu.« Sie versucht ja, sich zurückzuhalten, aber es klappt meistens nicht. »Ich bin viel zu emotional«, bemerkt sie selbstkritisch, »wissen Sie, ich denke mit dem Bauch. Mein Mann ist der Psychologe von uns beiden, das weiß jeder!«

Obwohl das oft nicht so aussieht, wenn Trainer Winfried Schäfer bei einem Bundesliga-Spiel an der Seitenauslinie das HB-Männchen macht. Angelika Schäfer würde ja auch gerne ein bißchen herumtoben, aber »auf dem engen Stühlchen da oben kann man sich doch nicht bewegen.« Und dann wird sie so nervös, daß sie während des Spiels ganz viel rauchen muß. »Wir sind seit neun Jahren in Karlsruhe«, spricht Winfried Schäfer für sich und seine Frau, »da ist man ganz anders dabei. Irgendwie ist das auch ein Stück Lebenswerk.«

Für ihn wie auch für sie, denn Angelika Schäfer mischt mit. »Zum Glück«, sagt ihr Mann, »ohne eine Frau, die nicht genauso an der Sache hängt wie ich, könnte ich diesen Beruf gar nicht durchziehen.« Die Frau des Trainers stellt nicht die Mannschaft auf, sie macht auch keine Vereinspolitik – aber sie sagt ihre Meinung und engagiert sich. Zur Zeit ist die gelernte Industriekauffrau dabei, beim KSC einen Fanshop mitaufzubauen. »Schon seit Jahren renne ich allen hinterher und sage, daß wir das in Karlsruhe brauchen«, sagt Angelika Schäfer. In München und in Kaiserslautern war sie schon, um sich über das Geschäft mit Fan-Artikeln zu informieren. Und wenn es losgeht, will sie auch mit verkaufen: »Meine achtjährige Tochter Aylissa ebenfalls, die freut sich schon darauf.«

Als der Karlsruher SC 1993 zum ersten Mal in den UEFA-Cup-Wettbewerb kam und Winfried Schäfer dadurch eine Wette über 10 000 Mark gewonnen hatte, richtete seine Frau Angelika damit ein Spendenkonto für mißhandelte und mißbrauchte Kinder ein. »Ein absolutes Tabuthema«, sagt sie, »das von vielen und vor allem von Männern immer wieder heruntergespielt wird.«

Eine Menge Geld kam zusammen, und gemeinsam mit »Wildwasser«, einem Verein gegen sexuellen Mißbrauch, engagierte sich Angelika Schäfer beim Kinderschutzbund für sinnvolle Hilfestellungen. Seitdem gibt es dort eine Telefonleitung, die rund um die Uhr besetzt ist. »Wenn es einem Kind schlecht geht«, sagt sie, »dann braucht es einen direkten Ansprechpartner und keinen Anrufbeantworter.« Das ist die ernste Seite von Angelika Schäfer.

Die Mutter von zwei Kindern ist nicht mehr berufstätig, aber zu Hause sitzen mag sie auf keinen Fall: »Da langweile ich mich zu Tode, ich muß immer was tun.« Der 19jährige Sohn Sascha geht schon seine eigenen Wege, und die achtjährige Aylissa ist ein »unkompliziertes Kind«, sagt die Mutter, »man kann sie überall mit hinnehmen.« Sehr zur Freude auch ihres Vaters, der die Kleine schon zu Mozarts »Zauberflöte« mit in die Oper genommen hat und so ausnahmsweise den Musikgenuß mit einem Familienmitglied teilen konnte. »Ich gehe nie mit«, erklärt seine Frau, »das kann ich mir nicht antun!«

Auch die beiden Geigenkonzerte ihrer Tochter in der Musikschule waren für Angelika Schäfer nicht ganz das richtige, aber aus anderen Gründen: »Jedes Mal war ich nervlich total am Ende, und Aylissa stand dort alleine auf der Bühne und war vollkommen cool.« Ihre musische Ader hat Aylissa vom Vater geerbt und vielleicht auch ein wenig von der Mutter, die »ein bißchen Klavier spielen kann, aber schlecht.« Über schwierige Zeiten tröstet sich Angelika Schäfer auch schon mit Musik hinweg. Als es vor einigen Jahren beim Karlsruher SC überhaupt nicht mehr lief und im Hause Schäfer jede Minute mit einem folgenschweren Anruf vom Verein zu rechnen war, »da habe ich mir stundenlang immer wieder dieselben Lieder angehört und überhaupt ganz komische Sachen gemacht«, berichtet sie.

Natürlich hat sie damals ihrem Mann den Rücken gestärkt, aber nur, weil sie von seinen fachlichen Qualitäten wirklich überzeugt ist. »Als mein Mann hierher kam, war der KSC in der Zweiten Liga«, erinnert sie sich an 1986, »dann ist Karlsruhe sofort auf- und nie wieder abgestiegen.« Sie würde sich auch nicht scheuen, so sagt sie, ihren Mann zu kritisieren – und man glaubt ihr das aufs Wort: »Wenn er mit dem KSC abgestiegen wäre, hätte ich schon zu ihm gesagt: ›Du willst doch Trainer sein, jetzt unternimm auch was.‹ Da bin ich ehrlich.«

Mit ihrer direkten Art hatte die gebürtige Gladbacherin anfangs in Baden so ihre Probleme. »Die Leute sind hier sehr diskret, man muß alles aus ihnen herauskitzeln«, stellte sie damals gewisse Unterschiede zum fröhlich-lauten Rheinland fest, »die sagen nicht so direkt ihre Meinung wie ich das tue.« Der eine oder andere fühlte sich von der temperamentvollen Angelika Schäfer damals vor den Kopf gestoßen. »Aber jetzt haben sie sich an mich gewöhnt und sind auch nicht mehr beleidigt.«

In Ettlingen, wo die Familie Schäfer wohnt, gefällt es ihr ausgesprochen gut. Überhaupt hatte Anglika Schäfer immer für eine Rückkehr ins badische Land plädiert, wo sie vor 20 Jahren an der

Seite des damaligen KSC-Spielers Winfried Schäfer zwei glückliche Jahre verlebt hat. »Das war damals das Nirwana für uns«, sagt sie, »vor allem nach den fünf Jahren in Offenbach.« In Hessen, wo ihr Mann von 1970 bis 1975 bei den Kickers Offenbach spielte, ist sie nie heimisch geworden. »Das war die schlimmste Zeit meines Lebens«, erklärt sie völlig offen ihr Mißfallen an dieser Gegend. Aber für Karlsruhe konnte sie sich auch 1986 ganz spontan erwärmen. Als ihrem Mann ein Trainer-Angebot vom KSC vorlag, schlug sie vor: »Los, wir setzen uns sofort ins Auto.«
Und seither sind die Schäfers beim Karlsruher SC und wollen so bald nicht wieder weg. »Außer dem rheinischen Schwarzbrot vermisse ich hier nichts.« Angelika Schäfer ist froh, daß ihr Mann das Angebot von Galatasaray Istanbul nicht angenommen hat. Monatelang hatte der türkische Club den Karlsruher Trainer bekniet. »Unglaublich, welche Dimensionen das angenommen hat.« Seine Frau deutet an, daß ein Wechsel in die Türkei durchaus lukrativ gewesen wäre. »Und sowas macht man doch nur aus finanziellen Gründen, in sportlicher Hinsicht ist gerade für einen jüngeren Trainer die Türkei nicht so gut – man kommt hinterher schlecht wieder in der Bundesliga unter. Und so versessen sind wir nicht aufs Geld.«

Natürlich verdient Winfried Schäfer auch in der Bundesliga ein paar Mark. »Das ist Schmerzensgeld«, antwortet seine Frau augenzwinkernd auf die Frage, ob ein Trainerjob nicht überbezahlt sei, »na, Gott sei Dank ist das hochbezahlt.« Und dann wird sie wieder ganz ernst: »Wissen sie, ich bin sehr dankbar dafür, was mir durch den Fußball alles ermöglicht wurde, ich war richtig arm früher.« Wenn sie wie jede Trainerfrau ab und zu vom Beamtendasein träumt mit fünf Uhr Feierabend und geregeltem Familienleben, dann hält sie sich das wieder vor Augen. »Es wäre eine Unverschämtheit, schlecht über den Trainerberuf zu denken«, sagt sie, »wenn ich mir überlege, welche Leute ich kennengelernt habe, welche Reisen ich schon machen konnte – diesen Lebensstil verdanke ich nur dem Fußball.«
Auch mit den negativen Seiten dieses Jobs hat die Trainerfrau im Laufe der Zeit gelernt umzugehen. Und der Gatte hilft, wo er nur kann. Weil die Leute auf der Straße sehr oft nur ihn begrüßen und seine Frau übersehen, stellt er sie grundsätzlich jedem vor.

»Also jedem, auch den Leuten, die mich eigentlich schon kennen«, amüsiert sich Angelika Schäfer. Dafür verzeiht sie ihm seine Schwächen in puncto Kindererziehung. Der Mann, der auf dem Fußballplatz impulsiv und lebhaft seinen Gefühlen freien Lauf läßt, ist zu Hause ein sanftes Wässerchen. »Leider. Er könnte sich ruhig mal pädagogisch wertvoller äußern«, findet Angelika Schäfer, »nicht so ruhig. Für die Kinder ist er natürlich der ideale Vater. Die Mama sagt zweimal ›nein‹ und der Vater sagt: ›ach, laß doch.‹«

So ein ganz schwerwiegendes Problem scheint das zwischen den beiden aber nicht zu sein. Seit sie sich in Mönchengladbach über den Weg liefen, sind Angelika und Winfried Schäfer ein Paar. Sehr früh heirateten sie. »Wir kennen uns schon so lange«, sagt Winfried Schäfer, »meine Frau war Spielerfrau und ist Trainerfrau, die sagt nicht immer nur: ›Klasse Winnie.‹ Das gehört dazu.« Ihrer Beziehung hat es offenbar nicht geschadet, immerhin halten es die beiden schon ein paar Jahre miteinander aus. 25 Jahre, um genau zu sein, die Silberne Hochzeit ist im Februar.

Sandra Lenninghaus und Martin Kree

Die etwas andere Fußball-Beziehung

»Und was machen Sie so beruflich?« wollte die leitende Angestellte des Autohauses von ihrem Kunden wissen. Der junge Mann hatte seinen Porsche zur Inspektion gebracht und wartete bei einem Kaffee auf die Fertigstellung seines Autos.
»Ich spiele Fußball.«
»Ja, und was sonst noch?«
»Nichts, ich spiele nur Fußball.«
»Oje«, dachte Sandra Lenninghaus, »der arbeitet nichts Richtiges, hängt den ganzen Tag nur 'rum. Von Beruf Sohn wahrscheinlich.«

Sehr begeistert war sie nicht von ihrem neuen Bekannten, nur zögernd gab sie ihm ihre private Telefonnummer. Heute sind die beiden ein Paar: Martin Kree, Profi-Fußballer beim Deutschen Meister Borussia Dortmund, und Sandra Lenninghaus, Assistentin der Geschäftsführung im Porschezentrum Lennetal. Sie amüsieren sich noch heute über die Geschichte ihrer ersten Begegnung. »Nach dem Erlebnis mit Sandra hatte ich überhaupt keine Bedenken, daß sie nur an dem Fußballer Kree interessiert sein könnte.« Für Martin Kree war eine naheliegende Befürchtung aus der Welt geräumt. »Ich fand das lustig, sie wußte nicht einmal, daß es Profi-Fußballer gibt!«
Sandra Lenninghaus aber war sich nicht sicher, was sie von diesem Fußballer zu halten hatte. In ihrem Elternhaus war die Bundesliga nicht einmal als Medienereignis wahrgenommen worden, verständnislos schüttelte der Vater den Kopf über samstägliche Sportschau-Gucker. Und auch die Mutter hatte in Unkenntnis der fußballerischen Umstände ihr fertiges Bild von ›dem‹ Profi bereits im Kopf. Die Empfehlung an ihre Tochter Sandra: »Bring bloß keinen Fußballer, das sind nicht die Allerschlausten ...«
Martin Kree, damals noch bei Bayer Leverkusen, hatte harte Überzeugungsarbeit zu leisten. Er lud Sandra Lenninghaus

schließlich ins Ulrich-Haberland-Stadion zu einem Fußballspiel ein, um die Vorbehalte etwas zu zerstreuen. »Ich stelle mich doch nicht in die Kurve und lasse Bier über mich drüberschütten«, ließ sie ihn wissen und änderte erst ihre Meinung, nachdem er ihr einen Sitzplatz in Aussicht gestellt hatte: »Ich kannte das ja damals noch nicht.« Auch ihre Freundinnen hatten von der Existenz eines Fußballers namens Kree oder der Mannschaft von Bayer Leverkusen noch nie etwas gehört. Sandra Lenninghaus: »Sie kannten alle nur Bayer und Aspirin.«

Heute ist alles anders. Die Familie Lenninghaus verpaßt keine Fußballsendung mehr, und der Vater hat beim gerade zurückliegenden Kopf-an-Kopf-Rennen zwischen Werder Bremen und Borussia Dortmund alle Eventualitäten im voraus kalkuliert. Selbst die Großeltern wurden plötzlich vom Fußballfieber gepackt. Sie rufen oft an, um bloß keine Fernsehübertragung zu verpassen. »Für sie ist es zu anstrengend, ins Stadion zu gehen«, sagt Sandra Lenninghaus, »aber sie haben sich extra für die Fußballspiele ein Premiere-Abonnement gekauft.«

Seit drei Jahren ist Sandra Lenninghaus mit Martin Kree zusammen. Seitdem hat sich für die 25jährige einiges verändert. Zunächst ging es darum, die wundersame Welt des Profi-Fußballs kennenzulernen. »Was ist denn mit denen los?« stand sie anfangs kopfschüttelnd daneben, als eine Schar von Fans den damaligen Abwehrspieler von Bayer Leverkusen mit Autogrammwünschen bedrängte. »Es gehört zu meinem Beruf, Autogramme zu geben und mich fotografieren zu lassen«, erklärte ihr Freund, »das sind unsere Fans, die brauchen wir, und von ihnen leben wir.«

Weniger erfreulich war – auch für Sandra Lenninghaus – die Tatsache, daß professionelle Fußballspieler dem Willen und manchmal auch der Willkür eines Trainers ausgesetzt sind. So verlangte zum Beispiel Trainer Dragoslav Stepanovic, daß Martin Kree und Sandra Lenninghaus nach Leverkusen umziehen, obgleich ihr Arbeitsplatz in Hagen und seiner bei Bayer Leverkusen ohne größeren Zeitaufwand von der Bochumer Wohnung aus zu erreichen waren. Als Kree das zeitliche Ultimatum nicht einhielt und noch immer in Bochum logierte, wurde der jahrelange Stammspieler plötzlich nicht mehr eingesetzt. Sandra Lenninghaus zieht den Vergleich: »Das ist ungefähr so, wie wenn ich eines Morgens in die Firma käme, und mein Chef würde mir mitteilen, daß jetzt eine andere meinen Job macht und ich ab sofort nur noch Kaffee koche.«

Der Wohnungsstreit, der natürlich auch durch die Presse ging, gipfelte darin, daß der Verein selbsttätig eine Wohnung für seinen Abwehrspieler anmietete. Der Spieler sollte die Möglichkeit haben, während der beiden täglichen Trainingseinheiten ein paar Stunden zu schlafen, so argumentierte der Verein. »Als wir aus dem Urlaub zurückkamen«, erzählt Sandra Lenninghaus, »wurde uns die Adresse unserer neuen Wohnung mitgeteilt.« Sie berichtet, daß sie fast der Schlag getroffen habe, als sie ihr zukünftiges Zuhause begutachteten: Das 18-Familienhaus befand sich direkt neben einer Müllverbrennungsanlage. »Und das beste war das Schild, das im Hausflur angebracht war: ›Verehrte Mitbewohner, wir möchten Sie bitten, den Müll erst am Tag der Abholung herunterzubringen. Sie kennen ja unser jahrelanges Rattenproblem.‹ Ich habe mich geweigert, dort zu bleiben.«

Schließlich zog das junge Paar doch nach Leverkusen, aber die Differenzen zwischen Kree und Stepanovic blieben. »Das war eine schwierige Zeit für uns«, sagt Sandra Lenninghaus, »ich habe immer wieder versucht, ihm Mut zu machen, obgleich ich in meinem Job unter diesen Bedingungen die Brocken längst hingeschmissen hätte.« Natürlich ist der leitenden Angestellten klar, daß der Beruf des Profi-Fußballers nicht auf normale Arbeitsverhältnisse übertragbar ist. »Aber in meinem Beruf habe ich wenigstens gewisse Rechte als Arbeitnehmerin«, wundert sie sich über die Umgangsformen der Bundesliga, »wenn alle Gespräche nichts helfen, ist mir auch der Weg frei bis zum Arbeitsgericht. Außerdem könnte ich bei ungerechter Behandlung mit der Solidarität meiner Arbeitskollegen rechnen.«

Materieller Wohlstand ist die Gegenleistung für die Fremdbestimmung im Profi-Fußball. Schon 23jährige werden in der Bundesliga zu Millionären, und nicht jeder verkraftet den plötzlichen Reichtum. Die Bodenhaftung auch in den Zeiten größter Erfolge nicht zu verlieren, diese Aufgabe stellt sich den jungen Spielern und ihren Partnerinnnen. »Sowohl meine als auch Martins Eltern sind selbständige Unternehmer. Wir wissen beide von frühester Kindheit an, wie schwer es ist, eine Mark zu verdienen.« Sandra Lenninghaus deutet damit an, daß sie im Gegensatz zu einigen anderen Spielerfrauen das Einkaufen nicht zu ihrem Hobby gemacht hat. Genervt ist sie davon, daß in den Geschäften, in denen Martin Kree als Fußball-Profi von Borussia Dortmund erkannt wird, ihr die Verkäuferinnen von vornherein nur teuerste Ware präsentieren. Das Gläschen Sekt gibt es natürlich gratis dazu.»Die spekulieren damit, daß es mir unangenehm ist zu sagen: ›Das ist zu teuer.‹ Aber mir ist das egal, ich sage das trotzdem, wenn der Preis mir unangemessen hoch erscheint.«

Martin Kree ist sich völlig darüber im klaren, daß seine Freundin von seinem Beruf mitprofitiert – aber auch darunter zu leiden hat:»Die Partnerin eines Fußballers muß schon einiges schlukken.« Sobald sich das Pärchen in der Öffentlichkeit bewegt, auf Feten geht oder in die Stadt, ist Sandra Lenninghaus grundsätzlich nur die Nummer zwei.»Viele kommen auf ihn zu, selbst wenn sie ihn nicht kennen, grüßen ihn mit ›hallo, Martin‹ und übersehen mich einfach«, beschreibt sie typische Szenen,»ich frage mich wirklich manchmal, ob die überhaupt kein Benehmen haben. Zumindest ›Guten Tag‹ könnte man doch sagen.« In nichtendenwollenden Gesprächen dreht sich dann alles um das Thema Fußball. Kree soll Aktionen im Spiel kommentieren, Mitspieler beurteilen, eben aus dem Fußball-Nähkästchen plaudern. Sandra Lenninghaus kommt nicht vor. Kree:»Ich hätte auch lieber andere Gespächsthemen. Aber wenn ich einmal nicht über Fußball reden möchte, heißt es gleich: ›Der ist arrogant‹.«

Profi-Fußballer ist ein 24-Stunden-Job, und noch wesentlich unangenehmer als für ihn, ist das für sie. Einerseits steht die Partnerin mit in der Öffentlichkeit und muß auf ihr Auftreten und ihre Aussagen achten, andererseits wird sie als eigenständige Persönlichkeit vollständig ignoriert.»Und ich würde einer Frau auch immer erklären, was auf sie zukommt, bevor ich etwas mit ihr anfange«, sagt Martin Kree. Er ist sehr froh, daß Sandra Lenninghaus sich über diese Nebeneffekte seines Berufs nicht ernsthaft aufregt.»Meine Freundin hat ihr eigenes Leben. Sie ist in ihrem Beruf verdammt erfolgreich, und von dort holt sie sich ihr Selbstbewußtsein.«

Mit ihren 25 Jahren ist Sandra Lenninghaus bereits in einer Führungsposition, nach ihrer kaufmännischen Ausbildung wechselte sie zusammen mit ihrem Chef in das neueröffnete Autohaus in Hagen. Dort ist sie die einzige Frau unter zwölf Männern und als Assistentin der Geschäftsführung mit allen wesentlichen Angelegenheiten betraut. Profi-Fußballer und Karrierefrau – diese Kombination ist ebenso ungewöhnlich wie schwierig. Wenn für sie am Freitag die Arbeitswoche beendet ist, fängt für Martin Kree der berufliche Streß erst an. Dann fährt er ins Trainingslager, und sie bleibt alleine.»Wir Frauen tun uns dann eben zusammen«, sagt sie,»wir sind schon eine Clique geworden mit Gaby Riedle, Michaela Möller, Karin Sammer und manchmal auch Birgit Reuter und Ilka Freund.«

Ein bißchen glückliche Fügung ist dabei, daß sich ihre und seine berufliche Karriere momentan vereinbaren lassen. Als Martin Kree 1994 bei Borussia Dortmund einen Dreijahresvertrag unterschrieb, war für Sandra Lenninghaus klar, daß auch sie ihren Arbeitsplatz in Hagen behalten kann.»Wir kommen beide aus der Gegend, Martins Familie lebt in Werl und meine in Hemer bei Iserlohn.« Sandra Lenninghaus ist außerdem froh, ab und zu dem Fußball-Trubel entfliehen zu können:»Wir haben hier auch Bekannte außerhalb des Fußballs. Mit denen gehen wir essen oder ins Kino oder auch mal tanzen.« Wobei Martin Kree in einer bestimmten Bochumer Diskothek die dunklen Ecken bevorzugt, um auch garantiert einen fußball- und journalistenfreien Abend zu verbringen.

Martin Kree und Sandra Lenninghaus sind in der konventionellen Fußball-Welt bunte Vögel: Sie sind nicht verheiratet, sie arbeiten beide, und jeder achtet die berufliche Karriere des anderen. Die organisatorischen Schwierigkeiten wurden bisher alle ausgeräumt, alltägliche Gespräche drehen sich genauso um seinen Fußball wie um ihre beruflichen Angelegenheiten.»Allerdings«, sagt Sandra Lenninghaus,»muß man den Bundesliga-Spielplan immer im Kopf haben. Vor einem schwierigen Spiel kann ich nicht mit meinen Problemen ankommen und ihn belasten.« Aus einer unausgesprochenen Kleinigkeit kann dann mit der Zeit ein handfester Streit werden – auch hiermit mußten die beiden erst lernen umzugehen.

Seit drei Jahren sind sie jetzt zusammen, eine gemeinsame Zukunft ist geplant. Bis zum Jahr 2000 möchte Martin Kree gerne noch Fußball spielen, über das Danach macht sich seine Freundin heute schon Gedanken:»Ich wünsche mir oft, er hätte einen anderen Beruf gewählt, in seinem Alter wird es nicht mehr einfach sein, etwas Neues anzufangen.« Martin Kree ist in diesem Jahr 30 Jahre alt geworden. Direkt nach dem Abitur hat er beim VfL Bochum seine Profi-Laufbahn begonnen. In den vergangenen zwölf Jahren spielte er ausschließlich Fußball.

148 Begleiten

Profi-Fußballer und Geschäftsfrau: Martin Kree (Borussia Dortmund) und Sandra Lenninghaus.

An einen perfekten Rollentausch, wie es sich in dieser Situation eigentlich anbieten würde, ist aber nicht zu denken. Bei aller Emanzipation hält sich Kree doch meistens von den Putzlappen, immer aber von den Kochtöpfen zu Hause fern. Eine Haushaltshilfe wurde engagiert, und für die Essenszubereitung ist nach alter Tradition die Frau zuständig. »Aber das ist auch meine eigene Schuld«, nimmt Sandra Lenninghaus ihren Freund in Schutz, »ich habe das von Anfang an gemacht, ich wollte ihm das abnehmen und irgendwie auch Zusammengehörigkeit damit demonstrieren. Er setzt sich aber auch nicht hin und sagt: ›Mach das jetzt.‹ Nein, das nicht, aber bedienen läßt er sich schon gerne.«

Sollte Krees Fußball-Karriere später in einer anderen Stadt weitergehen, so würde Sandra Lenninghaus auch das akzeptieren. »Seine Sachen gehen vor«, sagt sie, »ich weiß jetzt schon, daß ich nicht nur Karriere machen will. Ich möchte irgendwann Kinder haben.« Spätestens dann wollen die beiden auch heiraten – innerhalb der Fußballszene zählen sie jetzt schon zu den Spätentschlossenen. Profi-Fußballer lernen in der Regel ihre späteren Frauen bereits im Teenager-Alter kennen und heiraten mit

21 oder 22. »Und dann kommen die Kinder, und mit 26 lassen sie sich wieder scheiden«, weiß Kree von einigen zerbrochenen Ehen, »die Scheidungsrate in der Bundesliga ist hoch.«

Cornelia Minge

Wendezeit in Dresden

Cornelia und Ralf Minge heiraten 1982, ihre gemeinsame Tochter Nadja kommt zur Welt. Bis zur Geburt ihres Sohnes Stefan im Jahre 1985 arbeitet Cornelia Minge als Lehrerin für Deutsch, Mathematik und Sport an einer Dresdner Grundschule. Ralf Minge wird Stammspieler bei Dynamo Dresden und wird in die DDR-Nationalmannschaft berufen. Parallel beginnt er an der Deutschen Hochschule für Körperkultur (DHFK) in Leipzig Sport zu studieren. Im folgenden Bericht schildert Cornelia Minge ihre Erfahrungen mit der Wendezeit bei Dynamo Dresden.

»Dynamo Dresden war damals eine militärische Einheit des Ministeriums des Innern der DDR. Jeder Spieler bekam demzufolge einen Dienstgrad und ein Grundgehalt, das diesem entsprach. Punktspielsiege, Auswahleinsätze, Pokalerfolge wurden durch Prämien gesondert honoriert, abhängig vom Stellenwert und der Leistung des Spielers. Wenn man so will, war der Bereich Leistungssport eine Ebene, die professionell organisiert war – also Profisport unter dem Deckmantel einer sozialistischen Institution.

Fußballmannschaften wie der Berliner Fußballclub Dynamo (BFC), Dynamo Dresden, Lokomotive Leipzig und der 1. FC Magdeburg bildeten innerhalb der Oberliga[8] die Leistungszentren, zu denen jeweils die besten Spieler delegiert oder auch abgeworben wurden. Hatte ein Spieler den Status ›Nationalspieler‹ erreicht, so bekam er vom jeweiligen Fußballclub jedwede materielle Unterstützung für sich und seine Familie zugesichert.

Wir erhielten aus sogenannten Sonderkontigenten nach kurzer Zeit ein Auto, bei Bedarf Möbel, Telefonanschluß oder auch eine größere Wohnung. Kurzum, wir waren Priviligierte und genossen ein Lebensniveau, für das der durchschnittliche DDR-Bürger leider meistens Jahre, ja Jahrzehnte benötigte, um es sich

---

8 Die Oberliga war die höchste Spielklasse der DDR.

zu erarbeiten. Sofern das über weitreichende Beziehungen überhaupt gelingen konnte. Als Leistungssportler die Farben der DDR im Ausland vertreten zu dürfen, bedeutete, den DDR-Sport in seiner Modernität und Leistungsfähigkeit zu repräsentieren. Deshalb war es nur legitim, auf dieser Ebene ein rundherum gut funktionierendes System zu gewährleisten, das völlig eigenständig und losgelöst von allen anderen gesellschaftlichen Bereichen des ›real existierenden Sozialismus‹ fungierte.

Als Ehefrau eines professionellen Leistungssportlers war man fest in diese Struktur eingebunden. Der Stellenwert der Partnerinnen von Fußballspielern war ein ganz anderer als später in der Bundesliga. In größeren Zeitabständen, aber mindestens halbjährlich, wurden alle Ehefrauen und Freundinnen der Spieler von der Clubleitung zu Gesprächen eingeladen. Wir diskutierten Probleme, die die Familien oder auch die Spieler selbst betrafen. Für anstehende Schwierigkeiten wurden Lösungen gesucht und oft auch gefunden (z.B. die Besorgung eines Kindergartenplatzes). Auf jeden Fall wurde nach Ursachen geforscht, wenn beispielsweise ein Spieler plötzlich aus rätselhaften Gründen seine Leistung nicht mehr brachte.

Wir Frauen waren also im gesamten harten Leistungssport-Alltag der emotionale und menschliche Teil, dem rundherum Beachtung geschenkt wurde. Wir waren mit dafür verantwortlich, das Zusammengehörigkeitsgefühl der Mannschaft zu fördern, damit die Männer im Wettkampf und auf dem Trainingsplatz an einem Strang zogen.

Wir fühlten uns wie in einer großen Familie. Nach jedem Heimspiel gab es gemeinsam mit der Clubleitung ein Abendessen, bei dem keiner fehlen wollte. Unstimmigkeiten und Differenzen, die sich im Spiel ergeben hatten, konnten so vor Ort besprochen werden. Kurzum, die Männer redeten miteinander genauso wie wir Frauen, Mißtrauen oder Neid untereinander waren Fremdworte für uns. Es war gut zu wissen, daß wir Frauen an allen Erfolgen, die Dynamo in den 80er Jahren verzeichnen konnte, einen kleinen Anteil hatten – wenn auch nur emotionaler Art.

Die größten Erfolge in dieser Zeit waren die drei Pokalsiege 1982, 1984 und 1985, sowie der Meistertitel 1989. Was war das für eine Euphorie auf den Stadionrängen, in der ganzen Stadt Dresden, ja im gesamten Land. Dynamo Dresden war <u>der</u> Sympathieträger im DDR-Fußball, Fanclubs gab es von der Ostseeküste bis in den Thüringer Wald. Unvergeßlich werden mir die Pokalendspiele im Berliner ›Stadion der Weltjugend‹ bleiben. Jedes Mal hieß der Gegner BFC Dynamo, der zwar sehr gute Fußballer hervorbrachte, aber als ungeliebter Stasi-Club verschrien war und unter den Zuschauern keine Sympathien und Akzeptanz fand. Für Dynamo Dresden waren diese Pokal-Endspiele im Berliner Stadion wie Heimspiele. Über 90 Prozent der Zuschauer waren Anhänger von Dynamo Dresden, die aus allen Landesteilen angereist waren.

Wenn unser Bus dann nachts mit dem Pokal nach Dresden rollte, war die gesamte Autobahn schwarz-gelb geschmückt, jede Autobahnbrücke, jede Raststätte ein Meer aus unzähligen Dynamo-Fahnen, Schals und Wimpel getaucht. Es war phantastisch, die Begeisterung der Leute zu erleben, unglaublich. Immer, wenn ich heute daran zurückdenke, empfinde ich sehr viel Wehmut, aber auch Dankbarkeit für diese wunderbaren Momente. Im Wissen darum, daß es dies in naher Zukunft wohl nicht wieder geben wird, fließen dann schon ein paar Tränen – jeder ehrliche Dynamo-Fan wird es nachvollziehen können.

Das Spieljahr 1988/89 war das erfolgreichste Europacup-Jahr überhaupt, Dynamo Dresden konnte bis ins Halbfinale im Cup der Landesmeister vordringen. Unvergessen sind deshalb die Siege gegen so große internationale Mannschaften wie FC Aberdeen, Viktoria Bukarest oder den AS Rom. Ich erinnere mich noch sehr genau, wie Rudi Völler, der damals für die Römer spielte, mit großer Geduld unzählige Autogramme für unsere Fans schrieb. Ich beobachtete ihn von Nahem – es war so ein wunderbares Gefühl. Irgendwie verkörperte Rudi ein Stückchen Freiheit, das plötzlich lebendig vor mir stand. Ja Freiheit, die bislang nur unsere Männer auf ihren Reisen erlebt hatten, und die ich mir ausgemalt hatte in all den Jahren, natürlich besonders durch die vielen Erlebnisse, die unsere Männer von jeder Reise mitbrachten. Aber leider war es den Frauen nicht vergönnt, mit ins kapitalistische Ausland zu reisen.

Ich hatte in den vergangenen Jahren sehr viel Zeit, bedingt durch das häufige Alleinsein, über Ralf und mich, unsere Familie, nachzudenken. Ralf legte eine Riesenkarriere hin, hatte sportlich fast alles erreicht, war im letzten Oberliga-Jahr Mannschaftskapitän, als die großen Idole Dörner, Hafner, Schade längst ihre aktive Laufbahn beendet hatten. Er bekam während seiner aktiven Laufbahn mehrere staatliche Auszeichnungen. Das Dresdner Publikum liebte und verehrte ihn.

Und ich? Ja, ich war nur die Frau eines bewunderten und anerkannten Fußball-Nationalspielers, sozusagen ein kleines ›Anhängsel‹ ohne Ausstrahlung und eigenen Platz in der Gesellschaft. Familie und Kindererziehung, gut und schön und wichtig, aber war das wirklich alles, was ich im Leben erreichen wollte? Immer öfter quälte mich diese Frage, bis ich zu dem Entschluß kam: Ich muß endlich etwas für mich tun.

In meinen Beruf als Lehrerin wollte ich nicht zurück. 1987 begann ich deshalb, bei der ›HO Dresden‹, Fachbereich Inventur, zu arbeiten. Bald merkte ich jedoch, daß ich eine fundierte Ausbildung benötigte, um mich beruflich zu etablieren. Halbe Sachen liegen mir einfach nicht.

Im September 1988 wurde ich Studentin an der Fachschule für Binnenhandel in Dresden. Damals wunderte ich mich manchmal selbst über meinen Ehrgeiz und die Konsequenz, mit der ich das neue Berufsziel verfolgte. Heute weiß ich, Ursache und Motivation war mein Mann, der durch Fleiß und Zielstrebigkeit so viel erreicht hatte. Endlich hatte ich eine ›richtige‹ Aufgabe, bei der ich voll gefordert war. Haushalt und Familie lasteten natürlich weiterhin auf meinen Schultern. Doch es machte mir in dieser Zeit sogar Spaß, alles zu organisieren. Mein Selbstwertgefühl wuchs aus dieser Verantwortung heraus, mich endlich beweisen zu müssen.

Herbst 1989: Wendezeit in der DDR. Den Fall der Berliner Mauer erlebte ich alleine vor dem Fernsehgerät zu Hause. Ralf war mit der Mannschaft unterwegs. Ich war fassungslos vor Freude und Glück über die nun beginnende Freiheit. Am 9. November 1989 erfolgte der ›check in‹ in eine neue Gesellschaft, die unser Leben fortan bestimmen und gravierend verändern würde. Genau wie in allen anderen gesellschaftlichen Bereichen, bildeten sich auch im Leistungssport marktwirtschaftliche Strukturen heraus. Damit begann der sportliche wie finanzielle Ruin eines großen Traditionsvereins – ein schleichender Tod über fünf Jahre hinweg.

Mit der sportlichen Qualifikation für die 1. Bundesliga als letztmaliger Vizemeister der DDR beschloß Dynamo Dresden die Spielsaison 1990/91 und Ralf seine aktive Laufbahn als Kapitän auf der zentralen Mittelfeldposition. Er sollte dem Club erhalten bleiben, ihm wurde die Position des Geschäftsführers angeboten. Zunächst fungierte er als ›Azubi‹ des amtierenden Geschäftsführers. Nach einer kurzen Einarbeitungszeit hätte seine hauptamtliche Dienstzeit beginnen können. Dazu kam es allerdings nicht. Er erkannte, daß er früher oder später ein finanzielles Chaos zu verantworten hätte, welches er in keinster Weise mitverschuldet hatte. Deshalb warf er schon nach kurzer Zeit auf der Geschäftsstelle das Handtuch.

Mein Mann war arbeitslos – eine bis dahin nie gekannte Situation für uns. Zum ersten Mal in unserem Leben mußten wir uns mit Gedanken wie Ratlosigkeit oder Existenzangst auseinandersetzen. Trotzdem gab sich Ralf der Situation nicht kampflos hin. Ich bewunderte, wie er sich selbst motivierte, jeden Tag die Kraft fand, einem geregelten Tagesablauf nachzugehen, sich nicht ›hängen ließ‹ oder gar seinen Ärger im Alkohol ertränkte. Er hatte eine beispielhafte Selbstdisziplin.

Zur Dynamo-Mannschaft hielt er weiterhin Kontakt. Und zum ersten Mal, seitdem wir verheiratet waren, kam auch ich in den Genuß, einige Bundesliga-Spiele gemeinsam mit meinem Mann auf der Tribüne zu erleben. Das war ein völlig neues Gefühl und sehr schön, aber insgeheim wünschte ich mir, daß er doch wieder im Stadioninnenraum zu tun hätte. Denn ich war der festen Überzeugung, daß dort sein eigentlicher Platz ist. Irgendwie ist uns das Schicksal dann doch wohlgesonnen gewesen, und eines Tages im Dezember kam Ralf nach Hause und fragte mich: ›Was hälst du davon, wenn ich Assistenztrainer von Helmut Schulte werde?‹ Ich antwortete nur mit einem Satz: ›Wenn er und die Mannschaft dich wollen, dann tu es!‹«

Ralf Minge arbeitete als Trainer-Assistent von Helmut Schulte und blieb auch in der Saison 1992/93 Co-Trainer unter Klaus Sammer[9], einem Fußball-Denkmal in Dresden.

»Für mich persönlich hatte sich in dieser Zeit auch einiges verändert: Mein Studium mit dem ›neuen‹ Abschluß als ›Staatlich geprüfter Betriebswirt‹ im ersten Durchgang nach der Wende

---

9 Klaus Sammer ist der Vater von Matthias Sammer, Fußball-Profi bei Borussia Dortmund.

schloß ich Ende 1990 erfolgreich ab. Eine Anstellung nahm ich jedoch noch nicht an. Einerseits hatte ich keine Lust, meine Kraft in ein Unternehmen zu investieren, das durch marode DDR-Wirtschaft zum Untergang verurteilt war. Andererseits wollte ich mich damals wieder mehr der Familie und den Kindern widmen.

Nach einem vierwöchigen Praktikum in Iserlohn im Mai 1990 merkte ich, wie sehr mich Ralf und die Kinder vermißten. Für die alltäglichen Dinge mußte ich einfach dasein. So blieb ich wieder zu Hause und machte mir Gedanken über meine Zukunft. Ich kam zu der Überzeugung, daß ich mich in der Modebranche selbständig machen wollte. Ein geeignetes Geschäft mußte für den Verkauf von Mode gefunden werden. Ich schrieb fast eineinhalb Jahre lang immer wieder Bewerbungen für mehrere ausgeschriebene Gewerbeobjekte in verschiedenen Stadtteilen.

Endlich hatte ich Erfolg. Ich konnte ein Ladengeschäft von ungefähr 200 Quadratmetern im Dresdner Süden mieten. Ich hatte ein Konzept für Damen-, Herren- und Kinderoberbekleidung im mittleren Genre erarbeitet, welches auch die Bank für eine Finanzierung überzeugte. Von nun an hatte ich einen Fulltime-Job, der wiederum allerhand Organisationstalent erforderlich machte. Die Vokabeln Freizeit oder Feierabend waren gänzlich aus dem Wortschatz gestrichen.

Inzwischen nahmen auch die Hiobsbotschaften von Dynamo täglich zu. Die Ereignisse überschlugen sich: Nach dem Sturz des ›Präsidiums-Ost‹ im Dezember 1992 und der Neuwahl des ›Präsidiums-West‹ wurde die Demontage dieses Traditionsvereins Schritt für Schritt vollendet. Der anfänglichen ›Hilfe‹ durch Millionenbürgschaften, die für das Lizenzierungsverfahren des DFB unerläßlich waren, stand alsbald eine nicht nachvollziehbare, willkürliche, diktatorische Vereinspolitik gegenüber. Ohne sportliche Sachkompetenz kaufte man Spieler und Trainer ein und feuerte sie je nach Belieben wieder. Alle Ratschläge von erfahrenen Fußball-Fachleuten wurden achtlos in den Wind geschlagen, Auflagen des DFB hinsichtlich der Wirtschaftlichkeit in arroganter Weise ignoriert!«

Noch in der laufenden Saison wird Klaus Sammer als Cheftrainer entlassen und per Gerichtsbeschluß als Nachwuchsleiter wieder eingestellt. Ralf Minge wird sein Nachfolger, nachdem seine

Frau und er zu Hause lange über die auf sie zukommenden Belastungen diskutiert hatten.

»Für mich stand dabei das Ziel und die Chance, die Ralf hatte, Bundesliga-Trainer zu werden, an erster Stelle. Aber ich glaube auch, jeder Bundesliga-Trainer braucht für die Bewältigung seiner Aufgaben eine intakte Familie, die der Ruhepol ist und woraus er Kraft für seine täglich Arbeit schöpfen kann. Ralf erreichte das Saisonziel und rettete Dynamo vor dem Bundesliga-Abstieg. Insofern denke ich, haben wir seine ›Feuertaufe‹ gemeinsam ganz gut überstanden, und darauf war und bin ich auch ein wenig stolz.

Mein Modegeschäft lief sehr gut an, verlangte mir aber viel Kraft und Anstrengung ab. Die Motivation hierfür kam über den Erfolg, der Kräfte freisetzte und der mir half, jede Schwierigkeit zu meistern.

Bundesliga-Saison 1993/94: Siegfried Held wurde als Dynamo-Trainer engagiert. Ralf war leider nicht in Besitz des Fußballlehrer-Ausweises und bekam daher vom DFB keine Genehmigung, als Cheftrainer weiter arbeiten zu dürfen. Diese Entscheidung empfand ich als sehr bürokratisch, denn Ralf konnte wie auch Klaus Sammer ein abgeschlossenes Hochschulstudium an der DHFK Leipzig nachweisen, hatte nur das Pech, seine Diplomarbeit wegen Umorganisationen an der DHFK erst nach der Wende abschließen zu können.«

Mit Sigi Held beginnt 1993/94 für Dynamo Dresden die erfolgreichste Zeit nach der Wende. Ralf Minge entschloß sich, in Köln die Fußballehrerausbildung zu beginnen und seine Familie für sechs Monate in Dresden zurückzulassen.

»Ich machte ihm Mut und gab ihm das Vertrauen, daß wir auch diese Hürde meistern würden. Meine Ängste, in dieser Zeit mit meinem Beruf, den Kindern und dem Haus alleine überfordert zu sein, überspielte ich dabei in allen Gesprächen. Rückblickend war das gut so, man muß sich einfach auch mal etwas zutrauen!

Ich staunte, wie schnell das halbe Jahr verging. Auch die Kinder verkrafteten die Trennung gut, sie wurden sogar selbständiger und verantwortungsbewußter, sowohl unser ›Kleiner‹ (Stefan, 9), der bei Dynamos E-Jugend spielt und in dieser Zeit lernen mußte, seine Trainingstasche ohne den Papi zu packen, als auch unsere ›Große‹ (Nadja, 12), die mir schon sehr hilfreich bei der Organisation des Haushalts gewesen ist. Mitte Oktober 1994 kehrte Ralf als Fußballehrer auf seinen Posten als Assistenztrainer zu Dynamo zurück.«

Unter Präsident Rolf-Jürgen Otto verkauft Dynamo Dresden viele Spieler. Der mit über zehn Millionen Mark verschuldete Verein tätigt auch zahlreiche Neueinkäufe. Ende 1994 verläßt Sigfried Held Dresden und geht nach Japan. In der Bundesliga verliert Dynamo fünf Mal in Folge und gerät in eine sportliche Krise.

»Genauso sah es auch außerhalb des Spielfeldes aus. Es wurde nicht miteinander gesprochen, nur Anonymität, Distanz. Nach den Heimspielen gab es kein Mannschaftsessen, ja nicht einmal einen gemeinsamen Tisch für die Spieler und ihre Frauen im sogenannten VIP-Raum. Manche der vielen neu hinzugekommenen Spieler habe ich nie kennegelernt, mit dem Präsidenten in all den Jahren nie ein Wort gewechselt. Die menschliche Seite war völlig tabu. Alles, was den Verein betraf, konnte man ja aus den Medien erfahren. Wut, Verzweiflung und diese furchtbare Ohnmacht, mit dem man dem unaufhaltsamen Niedergang gegenüberstand, machte sich auf allen Ebenen breit. Oppositionelle Bewegungen, die sich gründeten, um dem ganzen Treiben Einhalt zu gebieten, scheiterten kläglich. Es gab einfach keine Rettung mehr.«

Im November 1994 wird Horst Hrubesch als Cheftrainer eingestellt und nach 100 Tagen wieder gefeuert.

»Es war nun Anfang März 1995. Dynamo stand auf einem aussichtslosen Abstiegsplatz und brauchte wieder einen neuen Trainer. Diesmal wurde Ralf um die Übernahme des Amtes gebeten. Für ihn war es wahnsinnig schwer, sein Ja-Wort zu geben. Er hatte nur einen Tag, um sich zu entscheiden. Und es war so gut wie aussichtslos, daß der Verein noch einmal wie vor zwei Jahren das rettende Ufer erreichen würde. Eigentlich war das Schicksal des Vereins in finanzieller wie sportlicher Hinsicht zu dieser Zeit schon besiegelt.

Wir redeten und überlegten die ganze Nacht hindurch und kamen doch zu keinem Ergebnis. Mit dem Gedanken, der letzte

Trainer zu sein, bevor dieser Verein zerfallen wird – damit konnten wir einfach nicht fertig werden. Andererseits wollte er gerade in dieser Situation nicht als feige dastehen und die Verantwortung scheuen.

Ich konnte ihn und seine Bedenken so gut verstehen, hing doch auch mein Herz an dieser Stadt und diesem Verein, wo ich so wunderschöne Jahre verbracht hatte. Fußball – das ist einfach unser Leben. Ich liebe die Stadionatmosphäre genauso wie mein Mann. Ralf hat diesem Verein seine gesamte Karriere zu verdanken. Ich sagte ihm, daß dieser Gedanke die Basis für seine Entscheidung sein müsse, schließlich ging es nicht um irgendwelche Leute, sondern um seinen geliebten 1. FC Dynamo Dresden, von dem nach über 40jähriger Tradition nur noch ein Scherbenhaufen zurückbleiben sollte.

Am nächsten Tag, kurz vor der Pressekonferenz, rief er mich im Geschäft an und sagte: ›Ich mach's doch.‹ Ehrlich gesagt, etwas anderes hatte ich auch nicht erwartet. Mit dieser Entscheidung begannen nun die letzten Monate für Dynamo in der 1. Bundesliga – und für uns die bisher schlimmste Zeit unseres Zusammenlebens.

Ich wußte, welchem Druck von Seiten des Präsidiums und der Öffentlichkeit er ausgesetzt sein würde. Ich sah auch, wie sehr er innerlich litt, wie sehr er gegen die Auswegslosigkeit ankämpfte. Ich glaube, gerade diese ehrliche und anständige Einstellung, die auch nach jedem verlorenen Spiel in der Pressekonferenz oder in Interviews zu spüren war, machte ihn für die immer noch zahlreichen Fans so glaubwürdig. Sie vertrauten ihm. Sich in Würde und Anstand mit dieser Mannschaft aus der Bundesliga zu verabschieden, war das große und letzte Ziel, das er noch erreichen wollte. Die Fans dankten es ihm nach dem einzigen Heimsieg dieser Halbserie mit Sprechchören und frenetischem Jubel. Sie verehrten ihn grenzenlos.

Als ich von der Tribüne aus das schwarz-gelbe Fahnenmeer der Fanclubs sah, mußte ich unweigerlich an große vergangene Dynamo-Zeiten denken, und hatte so viel Trauer in mir darüber, daß dieses ›Stück‹ Leben so langsam zu Ende ging.

Zu Hause versuchte ich stark zu sein. Ich regelte meinen Dienst im Geschäft anders, damit ich mich vollends um Haushalt und Kinder kümmern konnte. Ich wollte Ralf jede zusätzliche Belastung abnehmen, er sollte sich nur auf seine Arbeit konzentrie-

ren. Wenn er dann abends spät nach Hause kam, war er so ausgepowert, daß wir kaum noch ein ernsthaftes Gespräch führen konnten.
Auch die Kinder vermißten in zunehmenden Maße sein Lachen und seine Fröhlichkeit – wenn er überhaupt noch Zeit für sie fand. Aber sie akzeptierten es genauso wie ich, daß er durch diesen enormen Streß gar nicht anders reagieren konnte. Ich hatte große Angst, daß er all seine Kraft bei diesem aussichtslosen Unterfangen verschleißen würde. Ich wußte, wovon ich sprach, denn seit kurzem hatten ich einen neuen Mietvertrag für ein zweites Modegeschäft in Dresden unterschrieben. Ich mußte mich also auch noch um den neuerlichen Geschäftsaufbau kümmern, meine Kraft mußte auch für diese neue Aufgabe reichen. Und sie reichte: Am 24. August 1995 war Eröffnung.«

Dynamo Dresden beendet die Saison 1994/95 als Tabellenletzter. Der DFB verweigert dem Bundesliga-Absteiger die Lizenz, Dynamo Dresden wird zurückgestuft in den Amateurbereich. Unter dem Präsidenten Rolf-Jürgen Otto war der Schuldenberg auf 18 Millionen Mark angewachsen.[10]

»In der Woche vor dem letzten Heimspiel wurde Ralfs Vertrag für die nächste Saison ›aufgrund Erfolglosigkeit‹ (Originalton vom Präsidenten) nicht verlängert. Nach Abschluß der Bundesliga-Saison 1994/95 würde er keine Arbeit mehr in Dresden haben. Wir erfuhren es, wie mittlerweile so üblich, aus der Tagespresse. Diese Kündigung spiegelte die ganze Verlogenheit und Feigheit der bislang praktizierten Vereinspolitik wider, sonderlich überraschen konnte sie uns nicht mehr. Ralf machte sich sowieso über eine weitere Tätigkeit bei Dynamo Dresden seine Gedanken. Er wußte, daß sich unter demselben Präsidenten, in welcher Liga auch immer, für den amtierenden Trainer nichts verändern würde. Der Trainer würde weiterhin nur Ausführender sein, nicht eigenverantwortlich arbeiten können. Ich konnte verstehen, daß er diese Unterdrückung satt hatte.
Umso sensationeller war es eigentlich, daß er mit dem Tag der Kündigung von Dynamo Dresden gleich zwei neue Angebote als

---

10 Diesen Betrag nannte die Deutsche Presse Agentur (dpa), vgl. Sport-Bild, 23.5.1995, S. 19.

Trainer im Regionalliga-Bereich auf dem Tisch hatte. Eines kam aus Trier und das andere aus Aue, einem Traditionsverein aus unserer Region. Wismut Aue[11] war zu DDR-Zeiten mehrmaliger DDR-Meister. Auch Sigi Held signalisierte aus Japan, daß er sich umhören werde.

Das letzte Heimspiel nahte. Ich hatte schon die ganze Woche zuvor ein flaues Gefühl in der Magengegend. Wußte ich doch, daß mit diesem letzten Heimspiel ein Stück Fußballgeschichte, ein Teil Lebensinhalt, für die vielen treuen Fans abgehakt werden würde. Ironie des Schicksals: Der allererste Bundesliga-Gegner aus dem Europacup 1973, Bayern München, sollte auch der letzte vor heimischer Kulisse sein.

Die Sonne strahlte grell ins Stadion hinein, und vor ausverkauften Rängen (30 000 Zuschauer) trat Dynamo Dresden ein allerletztes Mal zu einem Bundesliga-Punktspiel an. Das Präsidium glänzte geschlossen durch Abwesenheit. Ich hatte keine Nerven, das Spiel konzentriert zu verfolgen. Ich dachte nur immer an den Schlußpfiff des Schiedsrichters, der das Ende einer großen Fußball-Ära verkünden würde. Als dieser ertönte, standen fast 30 000 Leute still und fassungslos an ihrem Platz, keiner rührte sich von der Stelle. Es war wie ein gewaltiger Schock, der alle lähmte.

Danach gab es nur Tränen, Tränen in Strömen. Ich konnte die vielen Fans weinen sehen, es waren sehr viele, denen ich auf dem Weg zu Ralfs Kabine begegnete. Einige, die mir gut bekannt waren, wollten in ihrem Schmerz nur allein sein, konnten einfach keine Worte finden. Ich verstand sie nur allzu gut. Was soll man auch sagen, alles war sowieso nur Schall und Rauch, sinnlos. Wir alle mußten begreifen: Es ist vorbei! Als Ralf und ich aus dem Stadion fuhren, blieben 15 Jahre Fußball-Geschichte zurück, die wir nicht so leicht abschütteln werden ...

Zum letzten Punktspiel eine Woche später in Leverkusen reiste ich mit, auch wenn es mir sehr schwerfiel, mich noch einmal 90 Minuten auf die Tribüne zu setzen. Ulf Kirsten[12] und seine Frau Diana wünschten sich unser Zusammensein, würde es doch vorerst das letzte Treffen unter diesen Bedingungen sein. Ja, zu Ulf besteht, seit er Dresden verlassen hat, weiterhin ein sehr herzliches Verhältnis. Ich glaube, Ralf ist für ihn wie ein großer

---

11 Wismut Aue hat sich nach der Wende in Erzgebirge Aue umbenannt.
12 Der ehemalige Dresdner ist heute Profi in Leverkusen.

Bruder, den er jede Woche anruft, um Rat und Verständnis zu finden. Ulf war es auch, der Ralf während seiner Fußballehrer-Ausbildung in Köln spontan angeboten hatte: ›Du kannst das halbe Jahr in meinem Haus wohnen.‹ Von Dresden und Dynamo hat er sich in all den Jahren mental nie richtig ›abnabeln‹ können.

Nach Spielende stand auch in seinem Gesicht der Ausdruck des völlig Unfaßbaren, des Unbegreiflichen, was da mit seinem alten Club geschah. Nun war also alles vorbei – ›check out‹ aus der großen Fußball-Welt der Bundesliga. Wenn ich die vergangenen 15 Jahre gedanklich an mir vorbeiziehen lasse, dann sehe ich, daß es sehr bewegte Jahre waren. Und wir haben sie intensiv durchlebt, mit allen Höhen und Tiefen.

Im Prinzip waren wir ›Überflieger‹ – von einer Gesellschaft in eine neue und fremde Welt, bei der die Ebene Profi-Fußball für uns dominierend war – und ist. Die Erfahrungen, die wir in dieser Zeit gemacht haben, sind schon ein kleines ideelles Kapital, aus dem wir die Kraft für alles weitere, alle noch ausstehenden Aufgaben, nehmen werden. Sind wir vorerst auch aus der erstklassigen Fußballwelt ›ausgecheckt‹, so gibt es doch eine Hintertür, durch die man eventuell wieder hineinkann. Ralf hat sich für die nächsten beiden Jahre für Erzgebirge Aue entschieden. Der Regionalliga-Verein ist gut strukturiert, hat eine junge Mannschaft und Ambitionen, mittelfristig in den bezahlten Fußball aufzusteigen. Eine lohnende und ehrliche Chance für ihn, endlich einmal bei 0:0 Punkten beginnen zu können.

Ich weiß, Ralf wird in diese neue Aufgabe seine ganze Kraft, sein gesamtes bisheriges Wissen, investieren. Und ich hoffe und wünsche, daß er mit dieser Mannschaft Erfolg haben wird.

Ich weiß aber auch, sein Herz wird immer in Dresden und bei Dynamo bleiben, auch wenn er darüber in der nächsten Zeit nicht mehr sprechen wird.«

Hildegard Lattek

»Fußball – das ist vorbei«

Hildegard Lattek, 55, ist Diplom-Sportlehrerin und Feldenkrais-Pädagogin. Die ehemalige Leistungsturnerin studierte wie ihr späterer Mann Udo Lattek an der Sporthochschule in Köln. Hildegard Lattek war 21 Jahre alt, als sie Udo Lattek heiratete. 1969 ging die Familie mit Tochter Sabine und Sohn Dirk nach München, wo Udo Lattek als Trainer des Fußball-Bundesligisten Bayern München tätig war. Hildegard Lattek arbeitete als Sportlehrerin an einer Münchner Schule. Mitte der 70er Jahre kehrte die Familie nach Köln zurück, Udo Lattek übernahm den Trainerposten in Mönchengladbach und später in Dortmund. Seine Frau wechselte an eine Kölner Schule.

1981 trifft die Familie Lattek ein schwerer Schicksalsschlag: Im Alter von 15 Jahren stirbt ihr Sohn Dirk an Krebs. Kurze Zeit später verlassen sie Deutschland und ziehen nach Barcelona, wo am 5. August 1982 Tochter Nadja zur Welt kommt. Nach zwei Jahren beendet Udo Lattek sein Traineregagement beim FC Barcelona und kehrt zu Bayern München zurück. 1988 wird er Technischer Direktor beim 1. FC Köln und beendet Anfang der 90er Jahre endgültig seine Trainerkarriere beim FC Schalke 04. Er arbeitet heute als freier Mitarbeiter bei mehreren Sportredaktionen in Presse und Fernsehen.

Hildegard Lattek beginnt eine Ausbildung zur Feldenkrais-Pädagogin, die sie im Juli 1995 abschließt. Mit ihrem Mann und ihrer Tochter Nadja lebt sie in Köln, sie blickt zurück auf 34 Ehejahre mit Udo Lattek, einem der erfolgreichsten Fußballtrainer aller Zeiten.

Warum haben Sie sich dazu entschlossen, Feldenkrais-Pädagogin zu werden?

»Das hatte mehrere Gründe. Ich habe zwei Bandscheiben-Operationen hinter mir, früher habe ich ja leistungsmäßig geturnt, zwei, drei Mal die Woche trainiert. Da habe ich mir wohl den Rücken kaputtgemacht. Ich dachte jedenfalls, jetzt mußt du dir irgendwie selbst helfen, das war die ursprüngliche Antriebsfeder für die Ausbildung. Aber es hat mich dann so gepackt, so fasziniert, daß ich jetzt als Feldenkrais-Pädagogin tätig bin. Meine große Tochter hat ein Baby und ist in ein eigenes Haus gezogen, ihre Eigentumswohnung haben wir dann zu meiner Praxis umgebaut.«

Was ist das genau, Feldenkrais-Therapie?

»Das geht zurück auf Moshe Feldenkrais, ein russischer Jude, der an der Sorbonne als Physiker gelehrt hat. Er hat einen nonverbalen-Lernprozeß entwickelt aufgrund einer Knieverletzung. ›Bewußtheit durch Bewegung‹ heißt einer seiner Lehrsätze. Es geht darum, ursprüngliche ganzkörperliche Bewegungen, wie wir sie als Kinder gelernt haben, wieder nachzuempfinden: krabbeln und rollen zum Beispiel. Das ist eine Art Gruppentherapie. Dann gibt es auch noch Methoden der Einzelbehandlung, in wenigen Sätzen läßt sich das gar nicht genau beschreiben.«

Das hat mit der Welt des Profi-Fußballs nun wirklich nichts gemeinsam. Ist Fußball für Sie überhaupt noch ein Thema?

»Bis vor einem Jahr hat es mich noch brennend interessiert, wer Deutscher Meister wird. Aber jetzt merke ich doch: Fußball, das ist vorbei. Als Borussia Dortmund vor kurzem Deutscher Meister wurde, habe ich das erst abends bei einem Telefonat gehört. Ich finde Fußball schön, mein Vater und mein Bruder waren fußballbegeistert. Mit 16 Jahren habe ich meinen Mann kennengelernt. Ich habe daher schon sehr früh Fußballspiele angesehen, und auch heute freue ich mich über ein gutes Spiel. Aber ich habe nicht mehr den Bezug. Der Abstand zum Fußball ist doch ziemlich groß geworden.«

Wie war das denn früher?

»Früher war ich bei jedem Spiel dabei und habe mitgezittert. Ich konnte mich für ein gutes Fußballspiel schon begeistern, weniger begeistert allerdings war ich von dem ganzen Drumherum beim Profi-Fußball. Mein Schlüsselerlebnis hatte ich nach unserem ersten Wechsel nach München. Es war damals so, daß ein neuer Spieler aus Frankreich geholt wurde. Der stand dann mit Kind und Kegel am Flughafen. Er kam mit seiner ganzen Familie nach Deutschland. Und nach kurzer Zeit paßte dieser Spieler nicht mehr in das System und wurde sofort abgeschoben. Das hat mich damals richtig schockiert, ich hatte wirklich das Gefühl des Menschenhandels.«

Profi-Fußball hat doch immer etwas Menschenverachtendes.
»Ich kannte das damals noch nicht. Ich war jung und kam aus meiner heilen Welt in Köln, wo ich studiert und einen großen Freundeskreis hatte. Auch gegenüber Journalisten wußte ich nie, was kann ich sagen und was nicht. Einmal rief mich ein Journalist von der tz-München an und wollte wissen, ob mein Mann einen Talismann habe. Mir fiel ein, daß er immer ein kleines Taschenmesser bei sich trug, das er mal in Schweden geschenkt bekommen hatte. Das habe ich erzählt, und am nächsten Tag gab es eine Riesen-Überschrift in der Zeitung: ›Udo Lattek mit Messer nach Nürnberg.‹ Oder so ähnlich. Da hatte ich wieder so ein Schlüsselerlebnis. Mir ist klar geworden, wie die Journalisten aus kleinen Dingen eine riesige Geschichte machen, wie alles aufgebauscht wird.«

Wie sind Sie denn anfangs mit dem Druck der Öffentlichkeit fertiggeworden?
»Ich suchte mir in München sehr schnell eine Stelle als Lehrerin, es war mir immer sehr wichtig, meinen eigenen Kreis zu haben. Ich wurde ja als eigene Persönlichkeit überhaupt nicht wahrgenommen, ich war nicht mehr ich, sondern immer nur die Ehefrau von Udo Lattek. Das kann man als junge Frau nicht so einfach verkraften. Einer hat mich sogar mal gegrüßt mit ›hallo, Udoline‹, das fand ich unglaublich, aber im nachhinein war ich ihm dankbar dafür. Denn das hat dazu geführt, daß ich sehr schnell anfing zu arbeiten. Die Sabine war ja damals schon in der Schule, und als unser Sohn Dirk auch eingeschult wurde, ließ sich das ganz gut organisieren.«

Gab es damals Reaktionen von außen? Auch heutzutage ist es ja eher ungewöhnlich, daß die Ehefrau eines Trainers selber berufstätig ist.
»Im Vorstand des Vereins haben sich einige wohl gewundert. Die sollten ja für mich nach einer Stelle schauen. Manche konnten das gar nicht fassen, nach dem Motto: ›Die Trainerfrau arbeitet doch nicht und schon gar nicht, wenn sie zwei kleine Kinder hat.‹«

Und wie war das in Ihrer Schule? Fanden es die Kinder nicht spannend, von Frau Lattek unterrichtet zu werden?
»Ich bin natürlich auf meinen Namen angesprochen worden, ob ich denn verwandt sei mit dem Fußballtrainer und so. Dann habe ich immer gesagt ›ja, ja, irgendwie verwandt‹ und erst nach

zwei, drei Jahren wurde dann bekannt, daß Udo Lattek mein Mann ist. Mir war das ganz recht so. Das mußte ja nicht sein, daß mir am Ende noch Zeitungsartikel vor die Turnhalle gelegt werden. Schwierigkeiten gab es eigentlich nie, nur einmal, als wir nach Köln zurückkamen und ich meine Stelle dort antrat. Dort reagierten die Kollegen anfangs etwas ablehnend. Damals kannten wir uns noch nicht so gut. Einige meinten, bei der hohen Arbeitslosigkeit solle eine Trainerfrau doch keine Stelle blockieren, wo doch ihr Mann gut verdient. Aber wie gesagt, das war nur am Anfang.«

Was hat ihr Mann dazu gesagt, daß Sie immer berufstätig waren?

»Die Männer hätten es ja lieber, wenn man ständig um sie herum ist, aber auf die Dauer ist das wohl für beide langweilig. Jeder braucht auch sein eigenes Leben. Mein Mann hat mir nie Steine in den Weg gelegt, aber ernst genommen hat er meine Arbeit auch nicht so richtig. Er sprach immer ein bißchen abschätzig davon, naja, du und deine Freizeitbeschäftigung. Das hat mich sehr geärgert. Obwohl ich sagen muß, daß er jetzt während meiner Feldenkrais-Ausbildung auch oft auf seine eigenen Sachen verzichtet hat und viel für unsere 13jährige Tochter Nadja da war. Er hat sie zum Sport gefahren und zur Musik undsoweiter, das hat er alles gemacht.«

Warum gibt es in der Fußball-Bundesliga nur wenige Ehefrauen von Spielern oder Trainern, die so denken wie Sie und ihrem eigenen Beruf nachgehen?

»Ich denke, das liegt an den dauernden Ortswechseln, das ist einfach schwierig zu organisieren. Man muß dann wirklich Abstriche machen. Mein Mann war auch das erste Jahr alleine in Barcelona, und ich habe mir den Stundenplan so gelegt, daß ich ihn alle vierzehn Tage für ein verlängertes Wochenende besuchen konnte. Unsere Tochter Sabine war damals gerade im Abitur, und ich war ständig unterwegs. Dazu ging es uns allen damals sehr schlecht, weil wir gerade unseren Sohn verloren hatten. Gott sei Dank hatten wir viele alte Freunde, die immer für uns da waren.«

Schließlich gingen Sie doch nach Barcelona. Hat Ihnen die Umstellung gut getan?

»Es war ja dann so, daß ich mit 42 Jahren noch einmal schwanger wurde. Bis sechs Wochen vor der Geburt habe ich noch gearbeitet, dann kam ich nach Barcelona, während mein Mann gerade vier Wochen im Trainingslager war. Ich sprach nur wenig Spanisch und mußte mir den ganzen Kleinkram selbst erarbeiten, das war ganz schön anstrengend. Aber hinterher war ich auch stolz, daß ich es alleine geschafft hatte. Oft haben mich später Spielerfrauen gefragt, ob sie ins Ausland wechseln sollten, und ich habe ihnen immer zugeraten. Das erweitert einfach den Horizont. Es ist eine große Anstrengung, aber man kommt gereift wieder nach Hause.«

Haben Sie sich durch die zwei Jahre in Spanien auch verändert?

»Ich war ja damals nicht mehr so jung, da war das nicht so gravierend. Ich war glücklich, eine neue Sprache zu lernen. Ich bin auch oft bei spanischen Familien zu Gast gewesen und habe einiges mitgekriegt von diesem Land. Aber meine persönliche Entwicklung stand mehr im Zusammenhang mit dem Tod unseres Sohnes.«

Inwiefern?

»Der Tod unseres Sohnes hat alles andere relativiert. Es sind ganz andere Dinge, die ich seither für wichtig halte. Ich hatte sehr viel damit zu tun, nach Dirks Tod wieder in eine positive Richtung denken zu können – es zu akzeptieren als meine eigene Geschichte und so damit fertig zu werden. So ist auch mein Interesse für die Feldenkrais-Arbeit eigentlich entstanden. Ich hatte jahrelang einen fürchterlichen Traum, in dem es immer um den letzten Tag mit meinem Sohn ging, das hat mich sehr gequält. Ich bekam durch Zufall Kontakt mit einer Feldenkrais-Pädagogin, und das hat mir sehr geholfen. Ich habe völlig neue Interessen entwickelt, und es wurde mir klar, daß es noch so viel zu entdecken gibt. Es gibt immer wieder etwas Neues zu lernen.«

Der Tod Ihres Sohnes ging auch durch die Presse. Hat Ihnen das nicht sehr wehgetan?

»Das war furchtbar. Ich weiß noch, wie eine Kollegin zu mir kam und völlig aufgelöst war, weil sie beim Autofahren irgendwo auf der Straße die Überschrift gesehen hatte und fast einen Unfall gebaut hätte. Mir haben meine Kollegen in der Schule sehr geholfen, sie haben mich wirklich auf Händen getragen. Aber natürlich waren die Zeitungsberichte sehr schlimm für uns. Ich habe damals aber zu meinem Mann gesagt: ›Du hast dir diesen Öffentlichkeitsberuf ausgesucht, mit so etwas mußt du leben.‹«

Als Konsequenz daraus hat Ihr Mann damals angekündigt, seine Trainerkarriere an den Nagel zu hängen, bevor seine jüngste Tochter Nadja lesen lernt.
»Wenn ich mich richtig erinnere, hat er immer gesagt: ›Ich höre auf, bevor sie in der Zeitung lesen kann, was ihr Vater für ein Arschloch ist.‹ So ähnlich hat er es gesagt, aber das hat er leider nicht getan. Als er damals Trainer in Schalke war, da konnte Nadja schon sehr gut lesen, und was sie da las, das fand sie gar nicht so schön.«
Auf welche Weise haben Sie versucht, Ihre Kinder vor den öffentlichen Beschimpfungen zu schützen?
»Wir haben ihnen das natürlich versucht zu erklären, aber es geht nur bedingt. Die Kinder haben auch unterschiedlich darauf reagiert. Sabine war immer ganz keck und frech und hat zurückgegeben, und Dirk ging einfach weg und hat das mit sich alleine ausgemacht. Bei Nadja weiß ich auch noch, wie sie kam und sagte, da steht das und das über den Papa in der Zeitung. Ich erinnere mich daran, welche großen Schwierigkeiten ich als junge Frau gehabt habe, damit umzugehen – wie furchtbar muß das erst für kleine Kinder sein.«
Haben Sie nie die Kontenance verloren?
Irgendwann hat mich mal die Wut gepackt, und ich habe zu einem Journalisten gesagt: ›Haben Sie sich eigentlich auch mal darüber Gedanken gemacht, was Sie über Väter von kleinen Kindern schreiben und was das für die Kinder bedeutet? Können Sie nachts überhaupt noch ruhig schlafen?‹ Schließlich weiß keiner, wie Kinder das verarbeiten können, die Folgen sieht man doch erst viel später an Krankheiten oder Beziehungsschwierigkeiten oder anderen Problemen.«
Haben Sie sich oft gewünscht, Ihr Mann hätte einen anderen Beruf gewählt?
»Natürlich, unsere Lebensplanung war ja ursprünglich eine ganz andere gewesen. Ich habe meinen Mann kennengelernt, da studierte er im dritten Semester Sport. Wir hatten beide die Idee, Lehrer zu werden und die Ferien zu nutzen – und das wäre mir auch recht gewesen. Ich habe diesen ganzen Rummmel nicht gebraucht. Für sich sagt er heute dasselbe, aber eigentlich wollte er schon Erfolge haben. Er ist sehr ehrgeizig, und auch der materielle Status ist für ihn wichtig, das wäre natürlich als Lehrer so nicht möglich gewesen. Mir hat das alles nie so viel bedeutet. Ich hätte

auch nicht unbedingt weggehen müssen, obwohl ich es als junge Frau auch sehr interessant fand. Ich bin Kölnerin, und ich liebe diese Stadt. Das hat eben wie alles zwei Seiten.«

Gab es auch Zeiten, in denen Sie das Gefühl hatten, diesem Druck nicht standhalten zu können?

»Die Menschen gehen ja heutzutage schnell auseinander, aber meine Idee von Zusammenleben war immer, daß man sich zusammenraufen muß. Da bin ich von meinen Eltern geprägt, die heute schon über 60 Jahre verheiratet sind. Ich weiß, daß meine Tochter Sabine nicht so denkt, wenn das nicht klappt mit einem Mann, dann würde sie die Konsequenz ziehen. Aber ich erinnere mich noch, wie ich mir damals mit meiner Busenfreundin darüber einig war: Mit dem Partner, für den ich mich entscheide, möchte ich auch alt werden. Durchhaltevermögen, das war immer die Maxime.«

Das haben Sie ja auch umgesetzt.

»Natürlich hat es Situationen gegeben, in denen ich dachte: Jetzt möchte ich die Brocken hinschmeißen, das paßt mir nicht und dieses paßt mir nicht. Jetzt suche ich mir eine Wohnung und bleibe mit meinen Kindern alleine und werde auf eine andere Art aktiv, so wie es immer mein Wunsch war. Aber jetzt sind wir doch fast 34 Jahre verheiratet, wir haben das durchgestanden.«

Ihr Mann kann immer noch nicht vom Fußball lassen. Fürchten Sie nicht, daß er wieder ins Traineramt zurückkehrt?

»Er arbeitet für das Deutsche Sportfernsehen und die Hamburger Morgenpost, er liest auch jeden Morgen noch sämtliche Zeitungen. Aber eigentlich ist das nur Beschäftigungstherapie, weil er merkt, daß er noch zu jung ist, um gar nichts mehr zu machen. Aber Trainer? Nein, ich glaube, das ist abgeschlossen. Ich merke, daß auch bei ihm die Kraft nachläßt, die psychische Belastung wäre zu groß.«

Aber gerade die Psychologie war ja seine Stärke. Er gilt noch heute als der »Motivations-Weltmeister«.

»Das stimmt, er hat den Leuten wirklich schwarz für rot verkauft. Ich bewundere ihn für seine Motivationsfähigkeit, aber ich weiß auch, daß ihn das immer sehr viel Energie gekostet hat. Zum Schluß in Schalke ist ihm der Trainerjob auch schwerer gefallen; je älter man wird, desto mehr Gedanken macht man sich wohl. Früher habe ich immer zu ihm gesagt: ›Wie schaffst du das nur, aus den 20 Spielern elf auszuwählen und die anderen nicht zu berücksichtigen, ich hätte da schlaflose Nächte.‹ Aber ihn hat das nicht gestört, das gehöre eben zu seinem Job.

Später hat er das wohl auch anders empfunden. Da fing er einen Tag vor dem Spiel immer an zu fragen: Was mache ich jetzt, wie spielen wir, undsoweiter. Das war früher nie ein Thema gewesen. Er hat eben im Laufe der Jahre auch gesehen, was alles dranhängt für einen Spieler.«

Wurde bei Ihnen zu Hause viel über Fußball gesprochen?

»Über den Sport an sich nicht, aber die menschlichen Angelegenheiten waren oft Thema bei uns. Ich habe mit den Spielern und ihren Familien mitgelitten, wir saßen in München zusammen auf der Tribüne, und da hörte man so das eine oder andere. Das habe ich dann natürlich zu Hause erzählt, weil die menschliche Seite mir einfach sehr wichtig war. Ich glaube, da habe ich ihn positiv beeinflußt, man lernt ja immer voneinander. Ich habe mir auch von ihm einiges abgeschaut, früher habe ich zuviele Kompromisse gemacht, konnte mich nicht so durchsetzen. Von ihm habe ich gelernt, mich zu behaupten.«

Hatten Sie viel Kontakt zu den Spielerfrauen?

»Ich habe immer meine Hilfe angeboten. ›Bringt mir die Kinder und fahrt mit zu den Auswärtsspielen‹, habe ich ihnen gesagt, damit sie auch mal rauskommen. Ich weiß noch, wie ich als junge Frau in München alleine zu Hause saß mit den beiden Kindern. Es gab tausend Einladungen, aber ich konnte nie mitgehen. Das erste halbe Jahr in München war schlimm. Deshalb hatte ich später auch immer Verständnis für die Spielerfrauen. Sie wußten, daß sie mich immer anrufen konnten.«

Gab es auch Freundschaften?

»Die gab es. Ich habe noch heute Kontakt zu Spielerfrauen in München, Barcelona, Gladbach und Dortmund. Ich habe den Kontakt zu den Menschen, die mir wichtig waren, immer behalten.«

Frau Lattek, Sie haben ein sehr bewegtes Leben hinter sich. Haben Sie heute nicht das Bedürfnis nach Ruhe?

»Nein, für mich wäre es schön, wenn die Woche doppelt so lang wäre, damit ich alle meine Aktivitäten da unterbringen könnte. Ich bin zum Beispiel auch eine begeisterte Bridge-Spielerin. Ich nehme an, das hat etwas mit meiner alten Liebe zu Formeln zu tun. Ich wollte ja damals immer noch Mathematik als zweites Fach studieren, aber dazu ist es nie gekommen, weil ich dann schwanger wurde. Außerdem ist das doch so: wenn man viel zu Hause ist, dann wird man nur benutzt. Dann weiß jeder, die ist zu erreichen, die macht mir dies und die macht mir das. Das ist doch der wahre Streß! Erst kürzlich hat mir das meine Tochter bestätigt, als sie eine Woche lang frei hatte und ständig angerufen wurde.«

Ist Ihre Tochter auch so eine Powerfrau?

»Wir sind doch keine Powerfrauen, wir sind aktiv. Meine Tochter ist Diplom-Sportlehrerin und Diplom-Betriebswirtin und arbeitet in der ›Agentur für Innovative Gesundheitsmedizin‹ in Mohnheim. Die beschäftigen sich dort mit den Alternativen zur Schulmedizin. Ich finde es gut, daß sie trotz des Kindes weiterarbeitet. Mein Enkelkind ist meine ganz große Liebe. Sie heißt Jil und ist eineinhalb. Wenn sie mich sieht, dann ruft sie ›Oma Hilla‹ und stürzt auf mich zu. Dann könnte ich zerfließen!«

Haben Sie überhaupt Zeit, Oma zu sein?

»Natürlich. Mittwochs ist Jil immer den ganzen Tag bei mir, dann wissen alle Freunde, daß ich nicht zu sprechen bin. Ich hatte ja mit Nadja relativ spät ein eigenes Kind, daher kenne ich noch dieses Alter. Aber das ist doch eine andere Einstellung bei einem Enkelchen. Ich kann sie verwöhnen und immer mit ihr lieb sein, alles andere machen dann die Eltern.«

Und wie kommt Ihr Mann mit seiner Rolle als Opa zurecht?

»Der hat ja zu Sabine gesagt, als sie 30 wurde: ›Du könntest mich bald zum Opa machen.‹ Das fand ich nicht so gut, ich möchte keinen Druck ausüben auf meine Kinder. Aber in dem Jahr ist sie tatsächlich auch schwanger geworden. Neulich hat mir jemand erzählt, mein Mann spräche von nichts anderem mehr als von seiner Enkeltochter.«

Ihre 13jährige Tochter bringt bestimmt auch einiges Leben in Ihr Haus.

»Ja, ja, Nadja hat jetzt ihre Liebe zum Turnen entdeckt, sie trainiert schon zwei bis drei Mal in der Woche. Vor einem halben Jahr hat das angefangen, obwohl wir immer versucht haben, sie davon fernzuhalten. Und gestern im Auto sagt sie zu mir: ›Du, mir tut der Rücken weh.‹ Da hab' ich vielleicht einen Schrecken gekriegt!«

Das hört sich ja nach einem ganz normalen Familienleben an. Ist der Papa denn auch öfter zu Hause als früher?

»Also jetzt ist er gerade nach Berlin geflogen, aber in zwei Tagen kommt er zurück. Normalerweise ist er mittags zu Hause, dann kommt Nadja von der Schule, und wir essen zusammen. Er hat zu seiner kleinen Tochter doch einen ganz anderen Kontakt als zu den Großen früher.«

Wie lief das denn damals ab?

»Er war eben nur sehr unregelmäßig da. Ich weiß noch, wie Sabine mal in einem Interview gefragt worden ist, ob ihr Vater genug Zeit für sie habe. Ihre Antwort fand ich damals sehr treffend, sie hat gesagt: ›Auch wenn mein Vater zu Hause ist, bleibt eigentlich immer meine Mutter unsere Ansprechpartnerin.‹ Und ich weiß, daß es manchmal nicht leicht für ihn war, wenn Dirk und Sabine von der Schule nach Hause kamen und ihn eigentlich gar nicht richtig wahrgenommen haben. Das muß ihm furchtbar wehgetan haben. Einmal war er vier Wochen lang im Trainingslager gewesen und wieder den ersten Tag zu Hause, und Sabine ist einfach an ihm vorbeigelaufen, ohne ihn richtig zu beachten. Das war sicher schlimm für ihn, aber ich habe die Kinder trotzdem darin bestärkt, daß sie sich so verhalten dürfen. ›Wenn er sich diesen zeitaufwendigen Job ausgesucht hat, dann braucht ihr nicht alles umzustellen, nur weil er jetzt gerade zu Hause ist.‹«

Frau Lattek, Sie sind 55 Jahre alt und ihr Mann ist in diesem Jahr 60 geworden. Was planen Sie beide für Ihr drittes Lebensalter?

»Mein Mann hatte ja mal die Idee, nach seinem 60. Geburtstag den Fußball aufzugeben und zu promovieren. Das fand ich richtig toll. Es muß ja nicht über Fußball sein, vielleicht über Motivation oder über etwas ganz anderes. Er hat ja als zweites Fach noch Englisch studiert. Aber davon wird heute nicht mehr gesprochen, schade, ich fand die Idee wirklich gut. Aber ich sage dazu nichts. Er muß das dann schon für sich wollen, das ist sein Ding.«

Und was planen Sie?

»Ich bin eigentlich sehr froh, daß ich diese Ausbildung zur Feldenkrais-Pädagogin geschafft habe. Das hätte ich wirklich nicht gedacht, daß ich das zeitlich hinkriege, drei bis vier Mal im Jahr für drei Wochen von zu Hause fort zu sein. Und es war auch nicht ganz einfach, mich in meinem Alter noch einmal auf eine Prüfung vorzubereiten. Ich bin wirklich stolz darauf, doch das bin ich. Und ich möchte diese Arbeit weiterentwickeln, nicht zuviel machen, aber mich immer weiterbilden.«

Noch einen Wunsch zum Schluß?

»Ich wünsche mir natürlich, daß meine Kinder gesund bleiben. Und vielleicht ein zweites Enkelkind.«

Applaudieren

Gesellschaftsfähig

Warum junge Frauen zum Fußball gehen

Melanie ist vollkommen aus dem Häuschen. »Das kann doch einfach nicht wahr sein, ich glaube es einfach nicht. Das ist der schönste Tag meines Lebens.« Die 15jährige kann sich einfach nicht beruhigen. Eine unglaubliche Sensation, die sich soeben zugetragen hat: Matthias Sammer hat ihr ein Autogramm gegeben. »Und dann hat er noch gefragt, ob man Melanie mit ›ie‹ schreibt.«
»Wow, ich habe mit Matthias Sammer gesprochen, unglaublich.« Annette Angenendt gehört auch zu den Glücklichen, an die der Dortmunder Fußball-Star einen Satz gerichtet hat. Vor lauter Aufregung hat die 15jährige schon vergessen, was er genau gesagt hat, aber eigentlich spielt es auch keine Rolle. »Ich bin so glücklich, ich könnte einfach nur den ganzen Tag hier sitzenbleiben und daran denken.«
Eineinhalb Stunden haben die beiden vor dem Trainingsgelände des Dortmunder Bundesligavereins gewartet, um eine Minute ihren angebeteten Fußballern nahe zu sein. »Wir lassen uns hier die Trikots unterschreiben«, deutet Annette auf ihren schwarzgelben Dreß, »aber eigentlich ist das nur ein Vorwand, um mit den Spielern zu sprechen.« Am liebsten würde die Münsteranerin jeden Tag zum Training kommen, sie ist furchtbar unglücklich darüber, nicht in Dortmund zu wohnen. »Wenn ich älter bin, ziehe ich hierher. Dann werde ich Sportjournalistin und kann jeden Tag mit den Spielern sprechen.«
Die Dortmunder Profis müssen sich beim Verlassen des Trainingsgeländes durch einen Pulk von jungen Mädchen kämpfen, die männlichen Fans sind deutlich in der Minderzahl. Nur mit größter Mühe kann der Dortmunder Ordner Horst Ebel die »bösen Gören« davon abhalten, die Umkleidekabinen der Spieler aufzusuchen. »Die steigern sich da völlig rein«, schüttelt er den Kopf über das tägliche Theater, »und oft schaffen sie es auch, auf den Platz zu kommen.« Eine genaue Kenntnis der Örtlichkeiten ist von Vorteil, Nadine Gesper ist da Expertin. Auf den

Rasen und zum Mannschaftsbus schafft sie es jedes Mal: »Aber wie, das verrate ich nicht.« Dann grüßt schon mal der Borussia-Stürmer Karlheinz Riedle mit »Na, Nadine, alles klar?« und der Abend ist gerettet.

Ein Brief von Nadine Stephan (17 Jahre) –
»Ich liebe den BVB und ich brauche ihn«

Wir waren am Samstag im Westfalenstadion, also live dabei. Und ich kann nur sagen: Es war der schönste Tag meines Lebens !!!!!

Beim Abpfiff habe ich einen Schrei- und Heulkrampf bekommen und bin fast zusammengebrochen. Ich konnte es einfach nicht glauben, daß wir Meister sind und kann es auch jetzt noch nicht. Und als wir dann unten, zwischen Tausenden von weinenden und überglücklichen BVB-Fans auf dem Rasen standen, zusammen mit »unseren« Spielern, das war ein Gefühl, das man nicht beschreiben kann. Es war traumhaft, einfach Wahnsinn. So etwas muß man miterlebt haben. Und ich habe geweint ohne Ende, und es kamen wildfremde Leute und haben einen in den Arm genommen. So etwas habe ich noch nie erlebt. Das sind Momente im Leben, die ich am liebsten anhalten möchte, weil man einfach nur glücklich ist und alle Sorgen und Probleme vergißt. Ich kann's echt nicht beschreiben.

Und dann diese Zusammengehörigkeit. Man hat das Gefühl, man ist mit allen BVB-Fans verbunden, und alle fühlen das gleiche. Und am schönsten fand ich auch, daß die »harten Männer« auf der Südtribüne ihren Tränen freien Lauf ließen. Ich werde dieses Wochenende in meinem ganzen Leben nie vergessen! Ich liebe den BVB. Er ist wirklich ein Teil meines Lebens, er gehört einfach zu meinem Leben, und ich brauche ihn. Ich werde dem BVB immer treu sein, egal was kommt. Und mit den Spielern habe ich die schönsten Erlebnisse meines Lebens gehabt!

Gesellschaftsfähig 177

BVB-Spieler Thomas Franck mit Fan Nadine Stephan.

Junge Mädchen entwickeln »eine für sie typische, eher private Form des Starkults, der sich auf einzelne Spieler bezieht«[1], für die Wissenschaftler Peter Becker und Günter A. Pilz eine mögliche Form des »Rückzugs aus der männlich dominierten Fanszene«[2]. Die »stille« Fankultur, die vor allem daraus bestehe, die eigenen vier Wände in den Vereinsfarben zu schmücken und den persönlichen Kontakt zu den Spielern zu suchen, bewerteten sie noch 1988 als eine spezifisch weibliche Gegenkultur in einer eindeutig männlich orientierten Fußball-Welt.[3]

In den 90er Jahren aber läßt sich keine scharfe Trennlinie mehr zwischen weiblichen und männlichen Sportarten ziehen. »Erlaubt ist, was gefällt«[4], stellen die Autoren Klaus Janke und Stefan Niehues in ihrer Untersuchung über die Jugend der 90er Jahre für den Bereich Sport fest. Solange eine Sportart ein populärkulturelles Umfeld bietet und an Lifestyle-Produkten wie Kleidung und Musik festzumachen ist, wird sie von männlichen und

---

1 Becker, P./Pilz, G. A.: Die Welt der Fans. Aspekte einer Jugendkultur. München 1988, S. 86.
2 Ebd.
3 Vgl. ebd.
4 Janke, K./Niehues, S.: Echt abgedreht. Die Jugend der 90er Jahre. München 1995, S. 80.

weiblichen Jugendlichen gleichermaßen angenommen. Die besten Beispiel hierfür sind die amerikanischen Sportarten »Street Ball« (Basketball auf der Straße) und Skateboarding.

Fußball bietet diese Identifikationsmöglichkeit über dazugehörige modische Accessoires oder spezielle Musikrichtungen kaum an. Transportiert wird auf der Breitensportebene immer noch das konservative »Pfadfinder-Image« der geschlossenen Männerwelt. Der Profi-Fußball allerdings ist im Begriff, sich von dieser wertkonservativen Basis abzusetzen und sich neuen Zielgruppen wie zum Beispiel Frauen zu öffnen. »Ich bin seit sieben Jahren dabei«, hat Rolf-Arndt Marewski vom Dortmunder Fan-Projekt e.V. die Vergleichsmöglichkeit, »bei den Fans hat der Anteil von Frauen stetig zugenommen, die meisten sind zwischen 14 und 19 Jahre alt.«

Immer mehr werden Bundesliga-Spiele in den Rang kultureller Ereignisse gehoben und wie das gesamte Kulturleben »verstarisiert«. Trendforscher Klaus Janke: »Das Überangebot von Medien verlangt nach Stars, die die Seiten und Programme füllen. Auf diese Weise werden auch Reservespieler zu prominenten Figuren gemacht.« Die 17jährige Nadine Stephan zum Beispiel schwärmt für den Mittelfeldspieler Thomas Franck, der in Dortmund als ewiges Talent nicht mehr zur ersten Garnitur gehört. Ihre Schwester Maike findet den verletzten Flemming Povlsen auch Monate nach seinem letzten Auftritt im Westfalenstadion noch anbetungswürdig. Ein Phänomen, das Janke so erklärt: »Es geht den Fans nicht mehr darum, ob ein Spieler sportlich erfolgreich ist, sondern ob er ein guter Typ ist. Es wird auch nicht mehr wie früher fußballspezifisches Wissen bei Fans vorausgesetzt.« Alle bisherigen Zugangsbeschränkungen für Frauen sind damit außer Kraft gesetzt.

Die Sportmedien präsentieren die Bundesliga in personalisierter Form, sie suchen und finden auf der Human-touch-Basis ein bisher unerreichtes weibliches Fußballpublikum. Vermittelt werden Gefühle.

Weil sie Karlheinz Riedle im Fernsehen gesehen hat, kommt die 15jährige Meike Schepping extra aus Borken ins 50 Kilometer entfernte Dortmund zum Training der BVB-Profis angereist. »Er hat das geilste Lächeln und die süßesten Augen der Liga«, findet sie. Silke Wellershaus aus Radevormwald nahm eine dreistündige Fahrt mit Bus und Bahn auf sich, nur um den sympathischen

Wird umschwärmt: BVB-Spieler Karl-Heinz Riedle und Fan Meike Schepping.

Horst Heldt vor seinem Vereinswechsel noch ein letztes Mal zu treffen. »Und ich bin auch total traurig, daß Litti[5] nicht mehr da ist.«

In den letzten Jahren wurde der Spitzenfußball auf eine neue Ebene gehoben: Die Spieler sind nicht mehr die Kumpels von nebenan, sondern die Stars. Ein Fußballspiel ist mehr als ein sportlicher Vergleich, es ist ein gesellschaftliches Ereignis. »Der Fußballsport«, schreiben Pilz und Becker, »hat den Geruch des Proletarischen, der körperlichen Betätigung für ›kleine Leute‹ abgelegt.«[6] Fußball ist heute zu einem Massenphänomen geworden, das alle Bevölkerungsschichten erreicht, und keineswegs nur Männer: Nach Angaben der »Bild am Sonntag« verkaufte Borussia Dortmund 1994 über zwanzig Prozent der Dauerkarten an Frauen, auf Schalke und in Freiburg liegt der Frauenanteil bei 25 Prozent und in St.Pauli sogar bei 30 Prozent.[7] »Auch in Karlsruhe kommen immer mehr Frauen zu den Bundesliga-Spielen«, hat

---

5 Der Kölner Fußballspieler Pierre Littbarski spielt zur Zeit in Japan.
6 Becker/Pilz, 1988, S. 132.
7 Vgl. Bild am Sonntag, 4.9.1994, S. 42.

Trainer-Ehefrau Angelika Schäfer beobachtet, »denn dieser Sport gilt nicht mehr als primitiv und bierdosenhaltend.«

In naher Zukunft will man beim Karlsruher SC eine Kinderbetreuung einrichten, wie sie beim Bundesliga-Aufsteiger FC St. Pauli bereits existiert. Auf Initiative einer fußballbegeisterten Mutter wurde schon 1990 die Möglichkeit geschaffen, während des Spiels die Sprößlinge kindergerecht unterzubringen. Honorarkräfte, die der Verein FC St. Pauli bezahlt, betreuen die Kleinen, während Mama im Stadion Fußball guckt.[8] Und was sie nachmittags live gesehen hat, dafür interessiert sie sich natürlich auch abends im Fernsehen.

Ob auch die neue Art der samstäglichen Bundesliga-Präsentation zu dem steigenden Fußballinteresse von Frauen beigetragen hat, läßt sich nicht genau sagen. Klaus Janke vermutet es stark: »Das Konzept der Sendung ›ran‹ auf Sat 1 ist doch darauf ausgerichtet, eine größtmögliche Zuschauerzahl zu erreichen, während die Sportschau damals mit Ernst Huberty mehr im Stile eines Fachleute-unter-sich-Gesprächs ablief.« Schließlich mußte sich die gute alte Sportschau damals nicht über Werbung finanzieren. Wenn aber ein marktwirtschaftliches Interesse dahintersteckt, müssen auch jahrzehntelange Männerbastionen fallen.

Frauen scheinen sich tatsächlich für die samstäglichen Fußballsendungen erwärmen zu können. Beliebt ist natürlich vor allem Erstausstrahler Sat 1, wobei das Privatfernsehen offensichtlich seine Kundinnen zu überzeugen weiß. Von ihren fußballbegeisterten Töchtern angesteckt, jubeln die Mütter von Yvonne Gries und Melanie Gross jetzt Woche für Woche mit. »Und meine Mutter erzählt mir schon immer die neuesten Neuigkeiten von den BVB-Spielern«, amüsiert sich Melanie Schöneis, »sie ist Stefan-Reuter-Fan.« Zum Muttertag, so haben es die drei Fan›innen‹ beschlossen, gibt es im nächsten Jahr Sitzplatzkarten für ein Borussia-Spiel.

Auffällig ist, daß Mädchen und Frauen offenbar immer eine Initialzündung brauchen, um auf den Fußballgeschmack zu kommen. Dafür bleiben sie der Bundesliga aber oft jahrelang treu. Bei einem Schulausflug vor fünf Jahren taten sich in Katrins Klasse alle Mädchen zusammen, um die WM-Spiele im Fernse-

---

8 Vgl. Pöhland, C.: Fußball – Fans – Frauen. – In: Schulze-Marmeling, D. (Hg.): Holt Euch das Spiel zurück! Fans und Fußball. Göttingen 1995.

hen zu sehen.»Bei den anderen war danach Schluß mit der Fußballbegeisterung, aber ich bin seither ein Fan.« Melanie Weßler aus Münster ging in ihrer Kindheit immer mit ihren beiden Brüdern zum Fußball, zu Hause wurde regelmäßig Sportschau geschaut.»Und heute«, sagt die 14jährige,»bin ich von allen Dreien die einzige ganz fanatische Fußballanhängerin. Meine Brüder erklären mich immer für verrückt.« Die Fußballiebe ihrer Mathematik-Lehrerin Bärbel Leinbach-Lippert geht ebenfalls auf das Elternhaus zurück:»Ich komme zwar aus Dortmund, aber bei uns zu Hause war immer alles blau-weiß, unsere Tradition ist Schalke.« Noch heute sieht sie regelmäßig das »Aktuelle Sportstudio«, obwohl das den Herrn Gemahl eher langweilt.

BVB-Torwart »Teddy« de Beer und Fans. Von links: Melanie Schöneis; Teddy de Beer; Melanie Gross; Yvonne Gries; Vorne: Anna Vogel.

Bei Fußballfans weiblichen Geschlechts gilt auch: je jünger sie sind, desto hingebungsvoller ist ihre Leidenschaft. Vor allem in der Pubertät lassen sich deutliche Unterschiede zwischen dem männlichen und dem weiblichen Fanverhalten beobachten: Lange können Britta, Meike und Katrin darüber diskutieren, ob nun Lars Ricken das süßeste Lächeln hat oder doch Karlheinz Riedle. Klare Übereinstimmung besteht über die Rückansicht von Teddy

182 ⚽ **Applaudieren**

BVB-Fan Melanie Schöneis hat ihr persönliches Borussia-Album angelegt.

de Beer, dem Borussia-Torwart. »Teddy hat den geilsten Arsch«, rufen alle fünf begeistert. Der absolute Liebling der Teenies aber ist Kalle Riedle. »Schade, daß er verheiratet ist«, bedauert nicht nur Meike. Ein bißchen verliebt wirkt die 15jährige schon. Wie Filmschauspieler oder Pop-Idole werden die Fußballspieler verehrt, was auch in der Medienlandschaft eine Entsprechung findet: Die Teenie-Zeitschrift »Bravo« bringt seit dem letzten Herbst eine vierzehntägig erscheinende Sportillustrierte für Jugendliche (»Bravo Sports«) heraus.[9] »Wenn etwas über einen meiner Lieblingsfußballer drinsteht«, sagt die 14jährige Britta Keimeier aus Borken, »dann kaufe ich die auch.«

Brigitte Vogel, 37, hat auch für ihre Altersgruppe festgestellt, daß sich das weibliche Fußballinteresse oft an dem Aussehen oder den Leistungen einzelner Spieler festmachen läßt. »Viele finden dann den Fußballer gut, über den gerade aktuell in der Zeitung berichtet wird«, sagt sie, »oder sie sind von vornherein nur ›Mittäter‹.« Immerhin hat sie in ihrem Münchner Bekanntenkreis beobachtet, daß immer mehr Frauen ein von Männern un-

---

9 Vgl. Janke/Niehues, 1995, S. 80. Die Zeitschrift wird 500 000 Mal aufgelegt und erreicht damit etwa die Größenordnung des Nachrichtenmagazins Focus.

abhängiges, eigenes Fußballinteresse entwickeln.«Aber das liegt wohl auch daran, daß wir begonnen haben, selber zu spielen.«
Gar nicht oder nur selten vertreten sind bei den weiblichen Fans die höheren Altersklassen. Ausnahmen bestätigen wie immer die Regel: Die 71jährige Hildegard Schulte ist in Dortmund die »Vorzeige-Seniorin«. Seit die Borussia vor ein paar Wochen Meister wurde, fehlte sie in keinem Fernsehbericht.[10] Auch die SG Wattenscheid 09 hat mit Margret Sewing eine vereinseigene Fußball-Oma. Die ist 72 Jahre alt, läßt kein Heimspiel der Nullneuner aus und schwärmt schon seit fünf Jahren für den einstigen Wattenscheider Profi Frank Harmann. »Warum soll man nicht ein bißchen schwärmen«, sagt sie, »auch in meinem Alter. Wenn ich nur etwas jünger wäre, das wäre noch ein Mann für mich ...«

---

10 Vgl. auch Bild am Sonntag, 4.9.1994, S. 42.

Margret Sewing

Fußball-Oma aus Wattenscheid

Gut, sie ist 72. Aber warum eigentlich nicht? Als Margret Sewing noch jung war, da waren die Männer auf Deutschlands Fußballplätzen noch unter sich. Heute kommen die Frauen mit zum »Kick«, Margret Sewing ist Wattenscheids treuester Fan. »Klar werde ich komisch angeschaut«, erzählt sie, »wenn ein älterer Mann zum Fußball geht, dann ist das ja normal, aber bei mir ...«

Als die SG Wattenscheid 1990 in die 1. Bundesliga aufstieg, avancierte Margret Sewing in den Medien zur »Fußball-Oma«. Eine Reporterin der Westdeutschen Allgemeinen Zeitung hatte sie ausfindig gemacht, die Story erschien mit Foto auf der Titelseite. Die »Bild«-Zeitung rief damals an und die Neue Revue - eine Fußball-Oma macht sich eben gut auf der Human-touch-Seite. »Ich konnte gar nicht mehr schlafen, dauernd klingelte das Telefon«, erinnert sie sich zurück.

Margret Sewing hat alle Reporter abgewimmelt, zu viel Wirbel. Nur das Fernsehteam vom Westdeutschen Rundfunk ließ sie damals herein, alle Nachbarinnen waren zum Kaffee da, und zusammen wurde das selbstgedichtete Wattenscheid-Lied gesungen. Vor laufender Kamera, versteht sich. »Heute schaue ich mir noch manchmal das Video an«, sagt sie, »aber so etwas würde ich nicht noch einmal machen. Wie ich ausgesehen habe, die Haare waren ganz durcheinander, dabei hatte ich mich extra so schick gemacht!«

Vier Jahre hielt sich die SG Wattenscheid 09 in der obersten Spielklasse – für Margret Sewing eine »verrückte, aber schöne Zeit«. Mit dem Aufstieg 1990 ging alles los, noch heute besitzt die Wattenscheiderin das selbstgenähte Hemd mit dem riesigen Vereinsemblem, in dem sie damals gefeiert hat. »Heute ziehe ich das nicht mehr an, für eine alte Frau ist das doch zu blöd.«

In ganz Deutschland ist Margret Sewing gewesen, in Bremen, Stuttgart, Kaiserslautern und München, bei jedem Auswärtsspiel war sie dabei. Im Fan-Bus fuhr sie mit, dann »rauf auf den Platz und nach dem Spiel gleich wieder rein in den Bus. Von den Städten hat man ja nichts gesehen, aber es war trotzdem eine ganz wunderbare Zeit damals.«

Heute läßt sie sich schon das eine oder andere Auswärtsspiel entgehen, weil ihre Söhne sie warnen: »Mama, denk an deinen Blutdruck.« Vor einiger Zeit mußte der Notarztwagen kommen, die Kreislaufbeschwerden waren immer heftiger geworden. 25 Kilo hat Margret Sewing abgenommen, da mußte auch sie einsehen, daß die Fernreisen ab sofort ausfallen müssen. »Nach Rostock bin ich noch mitgefahren, aber da ging der Bus kaputt, und wir waren insgesamt 27 Stunden unterwegs. Das schaffe ich in meinem Alter nicht mehr.«

Aber die Heimspiele, die sind ihr heilig. Nicht eine Begegnung hat sie in der Saison 1994/95 ausgelassen. »Was will man machen«, sagt sie, »da gehe ich hin bis zum bitteren Ende, bis ich meinen Sargdeckel zumache. Einmal Fan, immer Fan.«

Mit einer Kreislauftablette gegen Bluthochdruck beugt sie eventuellen Aufregungen vor, dann geht es zum Wattenscheider Lohrheidestadion. Dort möchte die Fußball-Oma dann aber bitte nur »bei meinen jungen Leuten stehen, die sind so nett«. Man holt sie ab, bringt ihr in der Halbzeit etwas zu trinken mit, nimmt sie nach Niederlagen in den Arm und hebt die betagte Dame auch mal hoch, damit sie ihre Wattenscheider besser sehen kann. »Ich bin nämlich so 'ne Kleine«, lacht sie.

Damals wie heute ist ihr schwarz-weißer Hut der Glücksbringer für die Nullneuner. Margret Sewing würde ohne das gute Stück nie ins Stadion gehen. Überhaupt zieht sie sich dann komplett in den Vereinsfarben der SG 09 an: schwarz-weiß geblümte Hose, schwarze Schuhe, schwarz-weiße Halskette, einen weißen und einen schwarzen Ohrring. »Das mach ich so als Gag«, erklärt die 72jährige, »und jetzt habe ich ja noch meinen schwarz-weißen Schlips, das ist mein ganzer Stolz. Den hat mir meine Schwiegertochter aus Brüssel mitgebracht, so einen gab es hier weit und breit nicht zu kaufen.« Überhaupt hängt der ganze Kleiderschrank voll mit schwarz-weißen Sachen, die Wände sind mit Erinnerungsfotos bepflastert, und die riesige schwarz-weiße Fahne wurde zu Erstliga-Zeiten immer aus dem Flurfenster gehißt, wenn Wattenscheid gewonnen hatte. Früher hatte Margret Sewing auch einen Hund, einen Dalmatiner. »Aber, daß der auch schwarz-weiß war, das war Zufall – ehrlich.«

Heute kommen die Kinder aus der Straße schon mal zu ihr

Margret Sewing: »Einmal Fan, immer Fan.«

und fragen: »Oma, warum ist die Fahne nicht mehr da?« Als Wattenscheid vor einem Jahr in die Zweite Liga abgestiegen ist, hing sie anfangs noch. Aber nach den ständigen Niederlagen fingen die Nachbarn an zu nörgeln: »Was, für die Gurkentruppe hängst du auch noch eine Fahne auf?« Irgendwann, als die Nullneuner mit einem Sieg nach Hause kamen und ordentlichen Fußball gezeigt hatten, kramte Margret Sewing ihre Fahne wieder heraus. Und wäre Nachbarin Erna nicht dagegen gewesen, dann hätte die ganze Nikolaistraße wieder schwarz-weiß gesehen. Die Liebe zum Fußball sitzt bei der Wattenscheiderin eben etwas tiefer.

Ihr Leben lang hat sie dieser Sport begleitet. Noch heute schwärmen die alten Wattenscheider von ihrem Ehemann Werner Sewing. »Den kannte hier jeder, der hat immer beim TB Eikkel die Tore getreten«, erzählt Margret Sewing. Nach der Heirat wechselte ihr Mann zu einem Verein nach Norddeutschland, mit ihrem Sohn blieb Margret Sewing zu Hause bei ihrer Mutter. Die mahnte ihre Tochter: »Wenn du deine Ehe nicht kaputtmachen willst, dann mußt du dich für Fußball interessieren.«

Was sich in den darauffolgenden Jahren abspielte, das faßt Margret Sewing rückblickend so zusammen: »Wir sind überall herumgezogen, ständig stand der Möbelwagen vor der Tür. Ich habe wirklich eine Odysee hinter mir.« Angefangen hatte es damit, daß der Zigarrenfabrikant August Blase sich in den Kopf gesetzt hatte, beim FC Lübbecke in der Nähe von Bielefeld eine leistungsstarke Fußballmannschaft aufzubauen. Spieler aus dem Ruhrgebiet warb er für ein geringes Handgeld an, und da die Zeiten nach dem Krieg schlecht waren, folgten auch Größen wie Josef Bensch, Heinz Hinz und Rudi Gellesch von Schalke 04 diesem Ruf. Mithilfe des Fußballs konnte auch Werner Sewing seine Familie ernähren. »Er bekam in Lübbecke zwei Kisten Zigarren im Monat«, so Margret Sewing, »damit sind wir dann über Land gefahren und haben sie getauscht gegen Kartoffeln und Eier.«

Werner Sewing wechselte den Verein, seine Frau Magret bekam ihren zweiten Sohn. Mit dem Kinderwagen holte sie nach dem Spiel ihren Mann ab, der warf ein paar vielsagende Blicke zum Mäzen, der heimlich auf der Toilette das Gehalt an den Mittelstürmer auszahlte. »Fünf Mark waren das damals. Und wissen Sie, was wir damit gemacht haben? Wir haben die Kinder zu Hause ins Bett gebracht und haben uns in der Wirtschaft ein Hähnchen gekauft. So war das damals.« Margret Sewing kann es kaum glauben, daß heutzutage mit dem Fußball Millionen zu verdienen sind.»Ein Wahnsinn. Dabei haben die früher Fußball mit Herz gespielt, die haben sich zerrissen auf dem Platz.« Als der SV Höntrop dem Stürmer Sewing ein Angebot machte, zögerte der nicht lange.»Wir kamen ja beide aus Wanne-Eickel«, sagt Margret Sewing. Zudem bezahlte der Verein den Umzug und sorgte dafür, daß die Familie in einem Zechenhaus in Wattenscheid wohnen konnte. Vorläufig, hieß es damals, weil eigentlich nur Zechenangehörige dort Wohnrecht hatten.»Und da wohne ich heute noch, schon 42 Jahre lang.«

1968 starb Werner Sewing im Alter von 44 Jahren. Margret Sewing war mir ihren vier Söhnen alleine.»Das war nicht leicht, aber das Leben mußte ja weitergehen.« Der Fußball half ihr ein wenig über die schwere Zeit hinweg, denn längst hatten ihre Jungs angefangen, bei Wattenscheid 09 zu kicken. Für alle vier strickte die Mama schwarz-weiße Mützen und Schals.»Durch die Kinder bin ich dann wieder zum Fußball gekommen. Für die Auswärtsspiele der ersten Mannschaft wurde immer ein Fan-Bus organisiert, und Joachim, mein Jüngster, wollte da unbedingt mitfahren.« Anfangs hat sich Margret Sewing als einzige Frau unter so vielen Männern ein bißchen unwohl gefühlt, aber sehr schnell war sie die »Mutti des Vereins«. »Dann hieß es immer bei der Abfahrt: Ist die Mutter schon da? Ja? Dann können wir abfahren.« Das war vor über 20 Jahren.

»Die vier Jahre Bundesliga habe ich richtig genossen«, sagt sie, »mit Hängen und Bangen haben wir es immer wieder geschafft, nicht abzusteigen.« Einige Glücksmomente hat sie dem Fußball zu verdanken. Sie hat Freunde gefunden unter den Fans und auch unter den Fußballern. Frank Hartmann, dessen Bild sie immer im Portemonnaie bei sich trägt, ruft regelmäßig an und schickte zum 70. Geburtstag sogar einen großen Blumenstrauß. Als er noch Spieler in Wattenscheid war, hat sie ihn immer »aus der Ferne angehimmelt. Und irgendwann haben wir mal miteinander gesprochen und uns zum Kaffee getroffen. Drei Stunden haben wir da gesessen und miteinander geplaudert«. Von da an kam Frank Hartmann vor jedem Heimspiel kurz in der Nikolaistraße vorbei und warf zwei Freikarten in den Postkasten für »seine« Fußball-Oma.

Lange schon spielt Frank Hartmann nicht mehr in Wattenscheid.»Zu seiner Abschiedsfeier hat er mich in die Eifel eingeladen. Bis nachts um drei haben wir im Festzelt gefeiert. Und das Hotel hat uns der Frank auch noch bezahlt. Ist das nicht nett?«

Für Margret Sewing gehört Fußball zu den schönen Seiten des Lebens, die ihr helfen, trotz schwerer Schicksalsschläge das Leben zu genießen. Nach dem frühen Tod ihres Mannes verlor sie vor vier Jahren auch ihren zweitältesten Sohn Rainer. Er starb bei einem Tauchunfall auf den Malediven.

Die »Ersatzsöhne« von Wattenscheid 09 bemühen sich, der fußballbegeisterten Seniorin ein bißchen darüber hinwegzuhelfen. Aus dem Trainingslager schrieb ihr die Mannschaft ein Kärtchen, und nachdem Frank Hartmann nicht mehr in Wattenscheid spielte, besorgte ihr Thorsten Fink oft die Freikarten. »Der Süße ist ja dann nach Karlsruhe gegangen, und danach wurde Hans-Werner Moser mein Liebling. Der drückte mich dann immer, gab mir ein Küßchen und sagte zu mir: ›Du bist meine liebste Oma.‹ Aber der Hans Werner ist ja jetzt auch weg.«

Margret Sewing ist ein bißchen sauer, daß immer ausgerechnet ihre Lieblingsspieler den Verein verlassen. Sie hat sich fest vorgenommen, sie jetzt alle gleich zu behandeln, zumals sie »sich an die vielen neuen Namen bei Wattenscheid 09 erst mal gewöhnen muß. Dort wird ja jetzt ganz neu aufgebaut mit jungen Spielern«. Irgendwann, so hofft sie, wird Wattenscheid auch wieder in die 1. Bundesliga aufsteigen. Und dann will Margret Sewing natürlich dabeisein, schließlich hält sie sich mit Fußball schon seit Jahren fit. »Ich kann nur allen Frauen in meinem Alter sagen: Geht nach Nullneun, da fehlt euch nichts. Da plagt euch kein Zipperlein, gar nichts. Denn Fußball ist die herrlichste Nebensache der Welt!«

Literatur

Becker, Peter/Pilz, Gunter A.: Die Welt der Fans. Aspekte einer Jugendkultur. München 1988.
Bernau, Klaus: Damenfußball im Vormarsch. Bd. 1. Oberursel/Taunus 1980.
Bisanz, Gero/Gerisch: Fußball. Training, Technik, Taktik. Reinbek 1980.
Buytendijk, Fred J.J.: Das Fußballspiel – eine psychologische Studie. Würzburg 1953.
DFB (Hg.): Damenfußball – Grundlagen und Entwicklung. Frankfurt 1983.
DFB (Hg.): Empfehlungen des DFB-Schulfußballausschusses zur Aktivierung des Mädchenfußballs in Schule und Verein. Frankfurt/Main 1984.
Diem, Carl: Ursprung des Fußballs, Festrede des westdeutschen Fußballverbandes in Duisburg 1954.
FIFA-Video zur Geschichte des Frauenfußballs, hergestellt anläßlich der 1. Frauenfußball-WM 1991 in China.
Friedrichs, Hanns-Joachim, Journalistenleben, Gütersloh 1994.
Gabriel, Karin: Rahmenvoraussetzungen für den Frauenfußball im Deutschen Fußball-Bund. Eine empirische Studie. Staatsarbeit der Universität Siegen. Siegen 1989.
Interview mit Gero Bisanz: Ein Plädoyer für den Frauen-Fußball. In: DFB-Aktuell. EM-Finale der Frauen Deutschland – Schweden. 26.3.1995.
Janke, Klaus/Niehues, Stefan: Echt abgedreht. Die Jugend der 90er Jahre. München 1995.
Lienen, Ewald u.a. (Hg.): Sport. Politik und Profit, Lust und Frust. Hamburg 1985.
Luik, Arno: Die »Sports«-Interviews. Hamburg 1991.
Palzkill, Birgit: Zwischen Turnschuh und Stöckelschuh. Die Entwicklung lesbischer Identität im Sport. Bielefeld 1990.
Pfister, Gertrud (Hg.): Frau und Sport. Frankfurt a.M. 1980.
Pfister, Gertrud: Weiblichkeitsmythen, Frauenrolle und Frauensport. In: Schenk, 1986.

Pöhland, Claudia: Fußball – Fans – Frauen. In: Schulze-Marmeling, Dietrich (Hg.): Holt Euch das Spiel zurück! Fans und Fußball. Göttingen 1995.
Ratzeburg, Hannelore: Fußball ist Frauensport. In: Schenk, 1986.
Reinke-Dieker, Gisela: Die Emanzipation der Amazonen. Frauensport, Geschichte und Gegenwart. In: Lienen, 1985.
Rohden, H.: Die Stellung des Fußballspiels im modernen Frauensport – dargestellt anhand einer empirischen Befragung von Fußballerinnen. Staatsarbeit der Universität Bochum. Bochum 1984.
Schenk, Sylvia (Hg.): Frauen – Bewegung – Sport. Hamburg 1986.
Spiegel, Else: Wir wollen uns bewegen (1900). In: Pfister, 1980.
Stoffels, Irmgard: Anne Trabant: Wir waren die Avantgarde. In: Dieda, Nr. 2, 1993.
Theune-Meyer, Tina: Einstellungen, Eigenschaften, sportliches Engagement im Damenfußball. Diplomarbeit der Sporthochschule Köln. Köln 1980.
Tschap-Bock, Angelika: Frauensport und Gesellschaft: Der Frauensport in seinen historischen und gegenwärtigen Formen. Ahrensburg 1983.
Williamson, David J.: Belles of the Ball: the Early History of Women's Football. Devon (England) 1991.

Fotonachweis

David J. Williamson, Belles of the Ball: S. 9; 15; 21; 47; 101; 125; 173.
Rainer Hennies: S. 23; 90.
Rüdiger Glahs: S. 39; 40; 43; 50; 56; 58; 61; 84; 86; 148.
Holger Weber: S. 99.
Kay Blaschke: S. 104.
Diethelm Wulfert: S. 113; 121; 192.
Firo/Jürgen Fromme: S. 137.
Beate Fechtig: S. 181; 182.
Alfred Winter: S. 186.
Privatbesitz: S. 109; 177; 179.

Zur Autorin

Beate Fechtig, geboren 1965, Studium Journalistik und Sport in Dortmund. Volontariat bei der Rhein-Neckar-Zeitung in Heidelberg. Freie Mitarbeiterin beim WDR-Fernsehen im Sportressort.

Autorin Beate Fechtig und Fotograf Rüdiger Glahs.